# 통일대박 완성의 길

# 통일 대박 완성의 길

신창민 지음

사단법인 통일대박실천연대

# 권 독 사

2012년의 〈통일은 대박이다〉이래, 신창민교수는 〈통일은 축복이다〉, 〈통일은 대박입니다〉등의 후속편들을 내 놓았을 뿐 아니라 여러 지역에서 강의, 세미나, 인터뷰, FB등의 매체를 통하여 "대박론"을 기회가 있을 때 마다 줄곧 역설해 왔다. 이같은 신교수의 노력이 헛되지 않았다고 나는 확신한다. 10여년전에 통일을 화두로 팽배했던 견해들이 대박론의 논지대로 정리되고 있는 것으로 보인다.

통일 여론의 추세를 보면, "남북통일을 달성하는데 요구되는 비용이 우리역량으로 감당이 아주 어렵거나 불가능하다."라고 10여년전까지 팽배했던 의견들이 "통일이 되면 대박이 된다는 걸 모르는 사람도 있나?"로 바뀌어 지고 있다.

대박론의 구도를 따른다면 그 혜택은 남북한주민들의 생활환경과 수준을 일반적, 전체적으로 향상시키게 된다는 것을 모두가 자각할 필요가 있다. 특히 북한주민들이 바깥세상의 실상을 알 수 있고 대박론의 의도에 동조할 수 있어야 한다. 통일대박론을 따르게 되면 통일 대한민국의 남북을 통틀어 국민 1인당 평균소득이 전세계의 두세번째로 상승되어 부국강병을 현실화 할 수 있게 된다.

한반도전체를 대표하는 통일대한민국의 국체는 자유민주주의, 법치주의, 자유기업 시장경제를 주축으로 한다.

금년 제 79주년 광복절 기념축사에서 표출된 윤석열대통령의 통일독트린 정부정책수립에 쌍수를 들어 환영한다. 윤대통령이 제시한 통일대한민국의 비전은 신교수의 통일대박론이 제시하는 목적과 대동소이하다고 풀이할 수 있다. 윤행정부가 놀라운 결심을 하고 적극 추진해 보겠다는 의지가 보인다. 신이 난다! 고맙습니다. 윤석열 대통령님! 장하십니다.

신교수가 개진하고 있는 "합류통일"의 내용은 수령제일주의, 자력갱생을 외치며 인류역사에 유례가 없는 포악정치에 속아신음해 온 북주민들이 "목란혁명"을 통하여 스스로 남한의 자유민주, 시장경제, 법치의 체제로 능동적 적극적으로 합류하여 통일을 이룬다는 것이다. 윤대통령의 연설에 합류통일에 관한 언급은 없었지만, 맥락을 같이 하고 있다.

신교수의 신간출판 저서를 더 많은 사람들이 읽고 통일대한민국이 대박을 이루어 함께 전진하는 날이 우리 예상보다 빨리 올 수도 있다. 그날을 학수고대 하면서,

류재풍

Founder & President, One Korea Foundation

Professor Emeritus, Loyola University Maryland

# 차례

서 • 009

**01** 통일 10년 후 "통일대박" 성취 시 통일한국 위상 • 016
(G7 가운데 미국 바로 다음 세계 제2위)

**02** 우리 겨레 새 역사의 시작 • 020
(궁극적으로 홍익인간 이념을 지향하며)

**03** 통일대박 성취를 위한 기본조건과 필수조건 4가지 • 026

I. 기본조건 • 026

II. 필수조건 4가지 • 027

　1) 통일 직후 10년 동안 북한을
　　경제적으로는 분리경영 관리 • 029
　2) 바이 코리안 정책 • 033
　3) 한시적 군비감축 • 036
　4) 북측 토지국유제 유지, 지가증권 보상 • 038

**부록 1** 통일대박특별법 (구상) • 042

# 차례

**04** 통일대박은 통일된 다음의 일이다. • 050

　　통일로 가는 길은? – 합류통일 • 052
　　합류통일: 실사구시 3단계 통일방안 • 052
　　제1단계 사실에 근거하여 "통일대박" 꿈을 심어준다. • 052
　　　　　　남한에서 확실한 통일 공감대 형성
　　제2단계 북측주민들에게도 통일대박의 진면목 최대한 전파 • 053
　　제3단계 적절한 시기 북한 주민들이 스스로 북정권 정리 후
　　　　　　대한민국 체제로 합류 • 054

**05** 통일비용 • 061

　I. 통일비용의 의미 • 061

　II. 현실적인 통일비용의 실제 • 063

　　1) 통일비용의 크기 • 063
　　2) 통일비용 산출 각 단계별
　　　　계산 과정과 추산의 구체적 내용 • 064
　　3) 추산결과 시사점 • 064

**06** 기타 직접적인 통일비용 재원 마련 • 066

　　1) 해외 차관 및 해외 채권 발행 • 066
　　2) 국채와 세금 • 067

## 차례

**07** 통일이득 • 069

    1) 분단비용 소멸에 따르는 이득 • 069
       - 비경제적 부분 포함
    2) 통일 직후 10년 구간 눈부신 경제성장 • 074
    3) 통일 10년 이후 • 077

**08** 남한 국민들 통일관련 현실적인 두 가지 문제? • 80

    1) 통일세 • 080
    2) 일자리 • 081

**09** 이 책 외에 또 다른 통일대박 구도가 존재하는가? • 083

**10** 남남갈등 - 우파와 좌파 • 086

**11** 통일 후 북측지역 경제개발 마스터플랜 작성 • 088

**12** 북조선 동포들에게 당부 • 089

**부록 2** 북조선 동포들! 우리 모두 다 함께 통일을 향하여 같이 나아갑시다! • 092

## 차례

**13** 사실은 • 098

    1) 북 핵 문제 • 098
    2) 평화공존 • 099
    3) 반공, 안보 • 100
    4) 흡수통일 하면 다 망한다? • 101
    5) 갑작스런 통일은 쪽박? • 102
    6) 중국 등 주변 강대국 • 102
    7) 탈북인 문제 • 103
    8) 김정은 핵 경제병진 노선의 허와 실 • 104
    9) 인권문제 – 미국 인권단체와 협력 • 105
    10) 대미관계 • 106
    11) 자유통일 위한 북한 주민들 외부정보 접근성 확대 • 110
    – 윤석열 대통령 2024.8.15. 경축사

**부록 3** 통일 소요자금 산출 각 단계별 계산 과정 • 111

맺는말 • 114

"통일대박 완성의 길" 후기 • 119

참고문헌 • 122

통일대박 완성의 길

# 서

Ⅰ. 〈통일은 대박이다〉, 좀 경망스럽게 들리는 제목 책이 출간되고, 일년 반이 지난 기자회견 석상에서 박근혜 대통령은 "통일은 대박이다. 이렇게 생각합니다..."라는 선언을 하였다. 통일을 비용 때문에 부담으로만 느끼고 있던 국민정서가 급격하게 대반전하는 모습으로 나타났다. 실제로 가히 경천동지할 일이 벌어진 것이다. 통일은 우리의 염원이라 하면서도 한편으로 통일비용 부담 때문에 통일이 필요하다는 정서가 국민들 53% 전후 정도에 머무르고 있었다. 그런 과정에서 2014년 신년 기자회견에서 박근혜 대통령의 통일대박 발언이 나오자 국민들의 통일에 대한 열망이 졸지에 82.6%로 급상승하는 놀라운 모습을 보였다.

통일대박 구도 내용 흐름에 따라 박대통령의 훌륭한 진전 상황이 연이어 나타났다. 박대통령은 통일이 결국 북한 주민들의 손을 따라 온다는 대 구도를 바탕으로, 드레스덴 선언, 통일준비위원회 기구 발족 등이 나타났다. 그러나 이렇게 막 시작되던 통일대박 진행이 세월호의 풍랑을 만나면서 가라앉기 시작 하였다. 문재인 시대로 접어들면서 신영복을 존경한다는 그의 김일성 공산주의 사상을 따라 낮은 연방 단계 공산체제 지향적인 행보를 보이면서 통일대박의 동력이 모두 소멸되어 버린 듯한 느낌마저 들게 되어버렸다.

이제 우리가 해야 할 일은, 우리들의 희망인 통일대박 구도를 다시 상기하면서 통일을 만들어 갈 차기 대통령을 발굴하여 내고, 우리가 모두 함께 실제로 통일을 앞당겨 만들어 가는 길로 들어서야 할 일이 남아 있다.


Ⅱ. 통일은 대박이 아니라 쪽박이란 말도 있었다. 반대로 통일되면 누가 잘 되는 줄 모르나 하는 말이 회자되기도 하였다. 그러나 통일 후에 대박을 얻을 수 있는 길은 사실상 오직 하나뿐이다. 그 길을 여기에서 다시 종합적으로 소개한다. 이 시점에서 우리들은 통일대박의 실제 내용을 자세하고도 명쾌하게 다시 살펴보는 것이 반드시 필요하다.

우리나라에서 갖가지 난제에 부딪칠 때마다 문제의 근원을 거슬러 올라가 보면 대부분 결국 남북 분단이라는 현실과 맞닥뜨린다.

북은 북대로 주민들을 먹여 살리지도 못하는 체제를 부둥켜안고 김씨 왕권 체제 유지만을 위하여 안간힘을 쓰고 있다.

김씨 일가는 대를 이은 왕권 독재권력 유지에만 총력을 기울이고 있다. 북측 주민들은 상부의 눈치 보며 살아야 하는 긴장 속에서, 기본적인 식생활도 제대로 해결되지 못하는 가운데 힘겹게 살고 있다. 그들에게 기본적인 인권을 말한다는 것은 그 자체가 사치에 불과할 뿐이다.

남은 남대로 자유민주와 시장경제라는 기본구조를 선택해 놓은 것까지는 좋다. 그러나 매사에 남북분단 상태에 발목이 잡히면서 활력 넘치는 발전을 성큼성큼 해 나가지 못하고 있는 안타까움 속에 살아가고 있다. 근래 경제가 어렵다고 한다. 일자리가 문제라고 한다. 사실상 이 모든 문제의 결정적인 획기적 돌파구는 실제로 결국 남북통일에서 항구적이며 근본적인 해결책을 찾을 수 있다.

통일 없이는 우리는 무엇 하나 제대로 잘 해 낼 수 있는 일이 별로 없다. 경제문제도 그렇고, 일자리 문제도 그렇고, 인권문제를 비롯한 모든 일반 사회문제도 그렇다. 우리 민족 모두가 풍요로운 가운데 인간으로서 인간답고 격조 있는 삶을 영위하려면 통일 없이는 불가능하다. 왜 지금과 같은 긴장 속에서 한치 앞을 내다보기도 어려운 가운데 힘들게 살아야 하나? 현재의 이런 상태로 천만년 그대로 끌고 갈 수 없는 노릇이지 않은가? 이를 타개하기 위하여 남과 북은 대가를 치르며 힘들더라도 통일을 반드시 이룩해 내야 한다.

결론적으로 가장 바람직한 해답을 간추려 말하자면, 우리 남북 국민들 모두 함께 "통일대박"의 길을 충실히 따라 가는 구도로 들어서는 것이 최선의 해결책이다. 결국 통일을 이루고, 통일 후에 "통일대박"의 구도에 따라 통일을 성공적으로 마무리 짓는 데에서 모든 문제를 해결해 나가는 것이 가장 올바른 길이다.

남과 북에서 모두, 우리의 소원은 통일이라는 노래를 부른다. 그런데 이제는 실감이 나지도 않는 공허한 노래로 들리기 까지 한다. 그렇다면 광복, 분단 80년의 세월이 흐르는 동안 우리는 무엇을 했는가? 말로만 통일일 뿐, 남이나 북이나 실제로 통일로 가는 길로는 단 한 발짝도 움직이지 못하고 있었다. 이승만 대통령의 북진통일 이래 박근혜 대통령이 처음으로 "통일대박"의 길을 찾아 들어서는 쾌거를 보이기 시작하는 찰나 좌익 사상을 가진 문재인이라는 자가 등장하여 나라를 온통 풍비박산으로 만들어 놓고 말았다. 문재인이 대통령 되자마자 일본의 한 언론에서 문재인은 공산주의자라고 직격탄을 날렸다. 그러나 일반 국민들은 무심히 지나치고 있었다.

뒤돌아보면, 북에서는 고려연방제 통일을 원한다고는 했지만, 남북의 경제력 격차가 너무 뚜렷해지면서 1991년에 이르러는, 김일성이 그의 신년사에서 "먹는 통일은 싫다"고 했다. 자기가 남측을 먹을 힘은 없게 되었으니 이제 먹히지 않기만 바란다. 즉 통일을 포기하겠다는 의사 표현이었다고 본다. 그럼에도 불구하고 김정일, 김정은으로 대를 이어 오면서 왜 계속 통일! 통일을 입에 올리고 있었나? 그 이유는 북측 주민들에게 무언가 희망을 주면서 민심을 결집시켜야 되겠는데, 무슨 마땅한 대안이 없기 때문이다. 가진 것도 없고, 먹고 살 것도 마땅치 않은 마당에 희망이라도 줄 수 있어야 한다. 그들은 통일이라도 들먹일 수밖에 없게 되어있었다. 그들에게 통일이란 한 마디로 내부 결속용 구호에 불과하였다.

그나마 이제 와서 김정은은 그 가면조차 벗어던지면서 남한은 같은 겨레도 아니며 통일대상이 아니라 그냥 단순히 적성 국가라고 선언하기에 이르렀다.


공산주의 체제가 모두 몰락해 버린 지난 세기의 세계사 속에서, 김일성의 고려연방제로의 통일이란 의미도 없고 전혀 불가능하다는 것은, 그 김씨 일가가 너무 잘 알고 있을 터이다.

한편 남에서는 북을 거추장스럽게만 여길 뿐, 내면적으로는 통일로부터 거리를 두는 국민정서가 팽배해 있었다. 남한 국민들은 방대한 통일비용에 눌려 통일을 부담으로만 여기는 풍조가 만연하게 된 것이었다.

이 근시안적 정서를 타개하기 위하여 통일에는 비용만 드는 것이 아니라, 그로부터 얻게 되는 이득 또한 매우 크다는 사실을 밝혀 주는 것이 필요 했다. 그리하여 필자는 연구 끝에 통일로부터 얻는 방대한 이득의 길을 2007년 8월에 정리하여 내고 국회 예결위 홈페이지에 올려놓았다. 바로 그 내용을 근간으로 하여 좀 더 상세하게 2012년 〈통일은 대박이다〉라는 제목으로 책을 출간하게 되었다.

남북이 분단된 처절한 상황에서, 지금 우리 앞에 있는 현실을 보자. 경제가 어려운가? 일자리가 어려운가? 바로 여기에는 통일에 근본적인 답이 있다는 객관적 사실을 새삼 알아차릴 줄 알아야 되겠다. 단기적으로도 그렇고, 장기적으로도 그렇다.

즉 경제와 일자리를 놓고 볼 때, 통일이 되기 전에도 통일이 답이고, 통일이 된 후에도 통일이 답이다. 왜 그러한가?

우선 통일 후 통일을 성공적으로 마무리 짓는 안정화 단계부터 알아보자.

통일후의 상황을 보려면 통일비용 내지 통일에 소요되는 자금과 통일이득의 구체적인 비교가 필요 하다.

결과를 먼저 말하자면 "통일대박"의 구도를 착실하게 따라 간다면, 통일 10년 후 통일한국의 남북 전 지역 1인당 평균 GDP는 다음 〈표2〉에서 보는 바와 같이 이 세상에서 미국 바로 다음으로 세계 제2위로 올라서는 결과를 얻게 된다. 우리 민족사에서 처음 나타나는 천지개벽과 같은 별천지 세계에 이른다. 이 내용에 처음 접하는 많은 분들은 실제로 흥분을 감추지 못하는 것을 필자는 국내외 여러 곳에서 많이 보았다.

통일대박 완성의 길 01

# 통일 10년 후 "통일대박" 성취시 통일한국 위상

- G7 가운데 미국 바로 다음으로 세계 제2위

현실적으로 2023년의 세계 주요국 1인당 GDP(국내총생산)와 2024년 인구 추산 통계를 참고로 정리해 보면 다음 〈표1〉에서 보는 바와 같다.

〈표1〉 주요국 1인당 GDP(2023) 및 인구 규모

| 국가 | 1인당 GDP<br>(단위 : U$) 〈2023〉 | 인구<br>(단위 : 천명) 〈2024〉 |
|---|---|---|
| 미국 | 81,585 | 341,693 |
| 독일 | 52,739 | 84,119 |
| 영국 | 48,867 | 68.459 |
| 프랑스 | 44,115 | 68,375 |
| 일본 | 33,879 | 123.202 |
| *중국(참고) | 12,666 〈2022〉 | 1,416,043 |
| 대한민국<br>북한 | 33,136<br>1,107 | 52,081<br>26,299 |

자료 : 한국은행, 경제통계시스템 2024.
　　　CIA The World Factbook 2024, 각국 인구통계

통일한국이 통일 후 "통일대박"의 구도를 따라 계획대로 차질 없이 경제를 10년간 운용하여 나가게 될 때, 대박이라는 말로도 다 표현하기 어려운 엄청난 이득을 얻게 된다. 가령 남한의 1인당 GDP가 3만 3천 달러 정도인 시기에 통일이 된다면, 10년간 매년 10.22%에 이르는 경제 성장 끝에 1인당 GDP가 8만 달러에 근접한다. 그 과정에서 북측지역의 1인당 GDP는 남측 지역 추세성장의 절반을 따라 오게 된다. 이러한 상태에서 남북경제를 완전 혼합시킨다면, 통일한국 1인당 평균 GDP는 〈표2〉에서 보는 바와 같이 6만 9천 달러를 상회하게 된다. 경천동지할 일이 일어나는 것이다.

〈표2〉 한국통일 10년 후 G7의 1인당 예상 GDP

| 국가 | G7, 1인당 예상 GDP 한국통일 10년 후(US달러) |
|---|---|
| 미국 | 150,468 |
| 통일한국 | 69,254 * |
| 영국 | 61,817 |
| 독일 | 59,344 |
| 프랑스 | 44,461 |
| 일본 | 33,879 |
| 중국 * | *12,666〈*2022〉 |

이것을 위의 〈표1〉에 나타난 주요국 1인당 GDP의 예상되는 변화와 비교해 보기로 한다. 위의 〈표1〉을 토대로 지난 11년간 각국 평균성장률을 적용하고 가령 한국 통일이 2029년이라면 그

로부터 10년후의 각국 예상 GDP는 〈표2〉에 정리되어 나타나는 바와 같다.

그렇다면 통일한국의 1인당 평균 GDP 약 6만9천 달러는 영국, 독일, 프랑스, 일본 등 주요국들 수준을 훨씬 넘어서서 미국 바로 다음 상태에 이르게 된다. 이렇게 되면 우리에게 G7진입 정도라는 것은 문제가 되지도 않는다.

규모가 큰 나라 가운데 물경 세계 제2위이다. 지금으로서는 다소 허황된 소리로 들릴 수도 있다. 그러나 사실을 배경으로 하는 이 추정치들을 있는 그대로 받아들이고 또 이와 같이 되도록 온 겨레가 단합하여 총력을 기울이면 그 목표를 충분히 달성해 낼 수 있다.

이것이 왜 허황된 소리가 아니냐 하면, 이 경우에는 아래에서 볼 수 있는 바와 같이 거시경제에서 확실한 유효수요(Effective Demand)를 바탕으로 하기 때문이다. 근래 통일대박이란 말이 회자되니까 너도나도 한마디씩 하지만, 그런 식으로 해서는 통일대박을 얻을 수 없다.

골드만삭스, 박대통령 시절 통일준비위원회 측근 인사들, 당시 금융위원회, 짐 로저스 등에서 나오는 구도 정도로는 대박을 얻을 수 없고, 그저 공허한 말들일 뿐이다. 자세한 내용은 순차적으로 뒤로 한다.

〈추계 배경 자료〉

자료 : 한국은행, 경제통계시스템 2024 및 환산
　　　　KOSIS국가통계포털 2024
남한 GDP : 2023년 US$17,986.6억
1인당 GDP : 남한 2023년 US$33,136
　　　　　　 북한 2023년 US$1,107
인구 : 북한 2023년 25,660만명
　　　 남한 2023년 51,628만명

통일비용의 개략적인 추산을 위하여 사용된 제반 추정치
1. 인구증가율  남한 : 0.5%
　　　　　　　　북한 : 0.5%
2. 통일 2029라면 10년 이후 남GDP는 20230년의 2.4배
　　　　　　　　　　　북한 통일없는 추세성장률 : 1.0165%
3. 자본산출량 비율 : 2.174 (2015년도 통계 기준)
4. 실물자본 감가상각률 : 6.7%

통일대박 완성의 길 02

# 우리 겨레 새 역사 시작

- 우리겨레 유구한 역사 속에 우리 조상들은
기본적으로 평화를 사랑하며 격조 높은
홍익인간 이념을 지향하였다.

이러한 이념 구현을 하려면 사실상 힘이 동반되어야 한다. 지난날에는 그 힘이 무력일 수 있었다. 현시대에는 경제력이 바탕이 된다. 그런데 우리는 아직 지속되는 강력한 힘을 가져본 적이 없다.

이제 우리들이 만들어 나갈 성공적인 통일대박 성취를 기반으로 일반국민의 생활수준을 높이면서 한강의 기적을 넘어서는 획기적인 새 나라를 창출하게 되면 상황은 달라지게 된다.

우리는 남북통일을 원한다. 남북통일은 남쪽 국민들이 북측 주민들의 저렴한 노동력이나 북측의 풍부한 지하자원을 노리고 하는 일이 아니다. 북측 주민들은 통일을 따라 남북이 다 같이 함께 잘살게 된다는 사실을 액면 그대로 알아주기 바란다. 또한 더 나아가 남북한만 잘살려고 이렇게 애를 쓰는 것도 아니다.

우리에게는 반만년 이전부터 중앙아시아에 연원하여 수천 년을 이어 내려오는 혈연관계에 있는 남이 아닌 같은 겨레 사람들이다. 중앙아시아 지역으로부터 태동하여 수천 년을 내려오는 동안 여러 형태의 국가 모습을 갖추기도 하였고 서로 전쟁을 하기도 하였다. 그러나 우리는 하나의 조상을 배경으로 태어난 배달겨레이다.

남북한 국민들이 통일된 나라를 만들고 그 여세를 몰아 통일대박의 세계를 성취하여 낸다면 우리는 세계 평화와 번영에 이바지할 새로운 실력과 힘이 생기는 것이다. 이 힘을 바탕으로 우리는 우리 겨레들만을 위하여 힘을 쓰는 것도 아니다. 또한 홍익인간의 위대한 이념을 피상적으로 시행하여 보는데 그치는 것이 아니라 여타 민족들의 세상들에게도 그 혜택이 돌아가게 하는 그야말로 전 세계적인 홍익인간의 체제를 구축하여 내는 웅대한 목표를 지향하면서 진력하여 나갈 수 있게 될 것이다. 우리는 이 지구상 위대한 겨레이다.

이리하여 세계 각국은 통일한국처럼 발전하는 나라를 만드는 꿈을 목표로 하여 "K-드림"을 지향하게 될 것을 예견하여 본다.

이제 통일한국은 불원간 통일대박 세상을 구현하고 평화 속에 번영하여 나가는 새 세상의 선두 주자 역할을 착실하게 담당해 나갈 시기로 접어들게 될 것이다.

위와 같이 1인당 소득, 이 지구상에서 미국 바로 다음으로 두 번째 가는 나라로 입지를 굳히면, 우리는 이제까지와는 전혀 다른 새 역사의 장으로 들어서게 된다. 이제까지 반만년 동안 우리 겨레는 대륙과 해양의 양대 세력 사이에 끼어 무수한 환란을 겪으며 살아 왔다. 대륙에서 힘이 생기면 우리 나라 수십만의 여성들이 끌려가는 말도 못할 끔찍한 수난을 당하였다. 해양에서 세력이 생기면 우리 땅은 초토화되기도 하였고, 종당에는 그들의 식민지가 되기도 하였다. 이제까지 우리는 대륙의 힘에 밀리고 해양의 힘에 얻어맞으면서 살아 왔다. 그러나 우리가 통일대박 실체에 제시된 구도를 충실하게 따르기만 한다면, 형세는 통쾌하게도 완전 역전이다. 핍박 받던 입장에서 이제는 우리 겨레가 모두 힘차게 세계에서 우뚝 서는 입지로 바뀌어 진다. 이제는 대륙과 해양 양방향으로부터 얻어터지는 것이 아니라, 오히려 대륙 해양 양방향으로 동시에 힘차게 뻗어 나갈 수 있는 구도에 서게 된다. 이 아니 통쾌하고, 너무나도 훌륭하지 아니한가? 이 가슴 벅찬 모습이 바로 우리 겨레의 미래 모습이다.

그렇다면 우리가 지난날 당했던 핍박을 앞으로 되갚아 주는 것만을 능사로 여기는 것이 바람직하겠는가? 그렇지 않다. 중앙 아시아 지역에 발원하여 동서 넓은 세상 방향으로 뻗어 나간 본래 우리 겨레의 뿌리를 제대로 되찾아 모두 함께 전 세계적으로 유니크한 우리 조상들의 평화 속 "홍익인간 정신"의 이념이 우리 본래 겨레들을 중심으로 다시 부각되고 이것이 세상 곳곳에 퍼져 나가면서 통일대박의 결실이 남한만이나 남북한, 또한 한반도 뿐만도 아니라 이 세상 모든 국민들의 목표가 되는 인류사회에서 가장 앞서가는 역할로 모두 "K-드림"의 품속으로 들어오도록 만드는 수순으로 들어가게 될 것으로 예견하여 본다.

결과적으로 우리는 우리 전래의 홍익인간 사상이 우선 우리 본래의 혈연 동포들에게는 물론이지만, 그 후 전 인류를 위하는 세상을 만들어 이를 바탕으로 결과적으로 전세계 각국이 선망하는 "K-드림"의 세상 속의 중심이 될 것이다. 이에 따라 코리아는 인류문명이 지속적으로 발전하여 나가도록 하는 원동력이오, 중심체가 되도록 우리는 끝없이 노력하고 봉사하는 사람들의 중심이 되기를 바란다.

우리는 통일대박 완성으로 세계 최선두 국가 대열로 올라서는 과정에서 우리들이 반드시 해야 될 일이 있다. 우리들의 본래 뿌리를 제대로 찾는 일이다. 우리는 우선 우리 뿌리를 찾아 우리 모든 겨레들을 위하여 홍익인간의 세상을 실질적으로 펼쳐 나가는 시발점으로 삼는 것이 순서일 줄 안다.

우리 조상들을 신화 속에 묶어둔 것은 대륙 해양 양대 세력의 술책으로부터 비롯되었을 뿐이다.

어떻게 불과 몇천년 전에 곰이 마늘 먹었다고 사람이 되었으며, 어떻게 불과 몇천년 전에 임금이 알에서 태어났다는 말을 믿으라는 것인가?

일본은 자기들의 역사가 한국 보다 짧다는 것을 받아들일 수 없었다. 왜냐하면 자기들이 우리 보다 우월한 사람들인데 우리보다 역사가 짧다는 것에 참을 수가 없었을 것이다. 그래서 일본이 우리보다 강성한 시대를 지내면서 한국의 뿌리를 잘라먹은 것을 조선인들이 그대로 배워서 그 시기에 일본인들에게서 역사를 익힌 학자들이 자기 나라 역사를 그대로 잘라먹게 된 것이다.

한편 중국에서는 한나라 시기에 국세가 강성해 지면서 자기들 테두리 밖의 인간들은 모두 오랑캐라는 개념으로 하여 동이족 등으로 불렀다. 기껏해야 2천여년 전의 일일 뿐이다. 여기에서 "동이"는 중국 동쪽의 오랑캐라는 의미이다.

그런데 중국 황하유역 한족의 역사보다 오히려 우리 중앙아시아 본류 겨레의 역사가 더 오래 된 것이었다.

이 모습은 심백강 저 〈중국은 역사상 한국의 일부이었다〉에 확실하게 설파되고 있다. 중국 근래 소위 동북공정 과정에서 나타난 책 제목 〈중국고구려사〉 발간은 그들만의 미화작업일 뿐이다.

중앙아시아에 연원하여 몽고지역을 거치며 동남방향으로 이동하면서 만주와 중국의 동북 삼성 러시아 연해주 등은 본래 황하 유역의 한족들 보다 더 오랜 역사를 가지고 있다. 그런 것을 가지고 중국은 고구려 발해가 본래 자기네 것이었다고 우기기 시작하고 있다. 그래서 발해 고도에 가면 사진도 못 찍게 한다.

　중국은 소위 동북공정이라는 작업을 통하여 소위 "중국고구려사" 라는 제목의 책까지 출간하면서 한국역사를 중국 역사 일부로 포함 확정 시키려는 노력을 하였다. 그러나 역사적 사실은 심백강 박사의 지적에서 보는 바와 같이 오히려 중국보다 더 오랜 역사를 가진 한국역사에 중국역사가 포함되어 있는 것이 사실일 수밖에 없다.

　우리는 통일대박 완성 후 우선 우리겨레 뿌리를 토대로 하는 홍익인간 세계 구축을 위하여 중국의 북동부와 일본의 일부 까지도 제1차적 홍익인간 정신 테두리 안의 지역으로 하여 이들에게 도움을 주고 일깨워 주면서 전 세계적으로 K-드림을 추구하는 나라들의 친구가 되어주는 것이 마땅한 역할이 될 것이다.

통일대박 완성의 길 03

# 통일대박 성취 위한 기본조건과 4가지 필수 조건

이렇게 어마어마한 통일이득은 그냥 통일만 된다고 자연히 얻어지는 것이 아니다. 적어도 다음 기본조건과 필수조건 4가지를 확실하게 대비하고 전제가 되어야 한다.

## I. 기본조건

통일대박 성취를 원한다면 그 체제 근저에 기본 조건이 충족되는 상황 하에서만 가능한 것이다.

간략하게 요약하면 자유민주, 시장경제, 법치의 체제가 이루어지고 있는 상황 하에서만 통일대박 성취가 가능하다는 점을 특히 명심할 필요가 있다.

이 부분이 쉽게 보이는가? 어설픈 사회주의나 공산주의가 배합된 상태에서는 통일대박으로 가는 길이란 제대로 전개될 수 없다. 현재 여러 가지로 오염된 한국 사태 하에서는 그렇게 간단한 일이 아니다. 우리는 특히 이 기본 조건에 각성하고 유의하여 바로 잡아나가야 한다.

## II. 필수조건 4가지

필수 조건들을 논하기 전에 특히 유의해야 될 점을 지적해 두고자 한다. 그만큼 간단치 않은 일들이다.

다름 아닌 정주영회장의 명언이다.

"임자! 해 봤어?"

정주영회장이 반드시 관철하여 시행해야 될 일을 관련 직원에게 지시를 하면 중요하고 큰 일 일수록 "회장님 그것은 어렵습니다. 안 되겠습니다."라는 대답이 먼저 돌아 올 때, 그 직원에게 짧게 "임자! 해 봤어?" 이와 같이 한마디 했다고 한다.

일이 어려울 것 같으면 일이 되도록 해야지 우선 어렵다, 안 된다 라는 생각을 가지고 있으면 그 일이 이루어질 수 없을 것임은 자명하다. 정회장은 이런 돌파력 정신을 가지고 보통 사람들은 상상할 수 없는 일들을 관철시키며 대기업을 이루고 국가발

전에 아주 크게 기여 했다는 고사를 돌이켜 보게 한다.

통일을 이루고 통일대박을 성공적으로 완성하려면 무슨 일이 있어도 아래의 4가지 필수 조건을 모두 그대로 성공적으로 준비하면서 시행에 성공해야 한다는 것을 명심해야 한다. 하나하나가 모두 어렵고 지난한 일이다. 그런데 이들 중에 어느 하나라도 문제가 생기면 통일이 되어도 대박은 커녕, 오히려 남북이 서로 부등켜 안은 채 다 같이 함몰되어 버리고 말 수도 있다.

그래서 우리는 이 필수 조건들을 무슨 일이 있어도 제대로 대비하고 운영해 나갈 각오가 되어 있어야 한다.

이 책은 요약본 형태이기 때문에 이 필수조건들을 돌파하는 방법에 관한 상세한 기술을 하기는 어렵다. (2012년, 2015년, 2017년에 발간된 "통일은 대박이다" 책에는 그 타개책들 주요 부분들이 기술되어 있다.) 여하튼 안 되면 뚫어야 한다!

통일비용을 줄이고 통일로부터 얻는 경제적 이득을 최대한 높이는 데 근간 핵심 이 되는 정책들을 살펴보면, 통일 후 10년 동안 ① 남북을 경제 분야에 있어서만은 분리경영관리, ② 바이 코리안 정책(Buy Korean Products Policy), ③ 한시적인 군비감축, ④ 북측 토지 원소유주에게 현물반환이 아니라 지가증권 보상 그리고 북측 토지 등 부동산 국유제 지속적으로 유지 등이 중심이 된다.

이러한 정책들을 순조롭게 실현시키려면 사전적으로 국민들의 정확한 현실인식과 그 대책에 관한 공감대형성 그리고 그 각각에 대한 구체적 대비가 알맞은 시기에 치밀하게 이루어져야 한다.

### 1) 통일 직후 10년 동안 북한을 경제적으로는 분리경영 관리

남북소득을 조정하는 10년의 과정에서 북측 주민들로 하여금 남측 주민들이 낸 세금으로 정부이전지출을 통하여 생활하도록 도와주는 방식을 택해서는 안 된다. 물고기를 잡아 주는 방식보다, 물고기를 잡을 수 있는 장비를 주고 기술을 가르쳐주는 길로 가야 한다. 이와 같이 북측 주민들이 스스로 일어설 수 있는 여건을 조성하는 것이 남측 국민들의 부담을 최소화 한다. 통일비용을 절감시킬 수 있는 최선의 방법이다. 독일에서처럼 통일 후 즉시 모두 혼합시킨 다음, 생활비를 보조해 줄 수밖에 없는 사회보장방식을 위주로 한다면, 무엇보다 먼저 단순히 우리 능력의 범위를 벗어난다는 것을 깨달아야 한다. 실제로 통일비용이 2배 이상으로 뛰고, 세금 부담만 따로 본다면 오랜 기간에 걸쳐 무려 8배로 껑충 뛰어버린다. 단순히 2배에 그치는 것도 아니다.

이와 같이 10년 동안 경제 부분에서만은 분리 관리하는 이유는 통일 시점에서 북녘 주민들을 차별대우하려거나 통제지배 하려는 것이 아니다. 오히려 북측 주민들이 자존심을 지키고 자립할 수 있는 여건을 조성하여 주는 것이다. 우리 민족은 근면하고 잘 살 수 있는 자질을 가진 민족이다. 이런 방법으로 할 때, 모든 북녘 주민들의 소득과 생활수준을 효율적인 방법으로 단기간에 **빠르게** 향상시킬 수 있다.

분리관리가 불가피한 이유는 다음과 같은 문제점과 이점이 있기 때문이다.

첫째, 경제의 발전단계 초기에는 자유시장경제 보다 계획경제가 더 효율적으로 작동하는 것을 보게 된다. 현격하게 낙후된 북측 경제를 일정 정도까지 급속하게 끌어올리는 데는 계획경제가 제격이다.

둘째, 북녘 주민들은 너무나 오랜 세월을 고립된 환경 속에서 살아왔다. 그들이 새로운 환경에 각각 적응하도록 하는 방법은, 필요 이상의 힘과 노력이 들 수밖에 없다. 사실상 모든 면에서의 완전 적응이란 분단되어 있던 기간만큼 다시 필요할 수도 있다. 이러한 상황에서 같은 문제를 안고 있는 그들을 우선은 한 곳에서 함께 집단적으로 적응·훈련을 하고 일상생활 상태로 하는 것이 효율적이다. 또한 사회주의 속성상 그들은 대부분 생산성에 있어서도 현저히 뒤떨어져 있다. 이들에게 생산 활동 재훈련 과정에서 개개인을 위하여 일일이 같은 과정을 반복하게 된다면 엄청난 낭비가 된다.

셋째, 통일 후 지역 구분이 없이 혼합된 상황에서 일을 하게 되면 동일한 종류의 일에는 동일한 봉급을 지급해야 한다는 요구가 즉시 나타나게 될 것이다. 그렇다면 남북 지역간 생산성 차이도 문제다. 또 그 위에 실제로 임금, 봉급 지급 총액이 실로 과다하게 되는 것도 통일비용 부담을 고려할 때 현실적인 문제가 된다. 그리고 정도 이상의 임금, 봉급을 지급하게 되면 독일에서처럼 오히려 북측 근로자들을 해치는 결과가 되고 만다. 즉 그들이 생산한 것은 품질에 비하여 단가가 높아짐으로 잘 팔리지도 않는다. 결국 공장이 문 닫게 됨으로 결과적으로 실업자로 전락하도록 만들게 된다. 소득조정 기간에는 그들은 그들대로 그들의 생산성에 걸맞는 임금 봉급을 지급 받는 것이 사회 전체의 부담 능력으로 보나 본인들의 결과적인 실속을 위해서나 전반적으로 바람직하다.

넷째, 남측 사람들과 구분 없이 바로 섞이게 되면 현실적으로 생산성에 있어서 격차가 쉽게 노출 된다. 현격한 소득 격차가 따른다. 자연적으로 1등 국민 그룹과 3등 국민 그룹이라는 차별화가 확연하게 생길 수밖에 없다. 결과적으로 예상치 못한 차별 의식과 사회적 갈등이 불거지게 된다.

다섯째, 분리관리 10년 기간 동안에는 북측 지역에서의 노동조합 결성은 불허하는 것이 바람직하다. 생산성 차이도 큰 상황에서 새로운 체제에 익숙하지도 못하면서 자칫 과도한 요구에만 맛을 들여 경제 전반에 지대한 장애요인으로 작용할 수도 있다.

이러한 모든 문제들은 분리관리가 이루어질 때라야 마찰이 적을 것이다.

요컨대 분리관리는 비효율성을 피해가면서 통일비용을 줄일 수 있고, 경제적 무리수의 발생 소지와 불필요한 사회적 갈등요인을 원천적으로 차단하는 효과가 있다.

이와 같이 통일 후 10년 동안은 분리관리가 반드시 필요하다. 이것 없이는 성공적 통일이란 단순히 불가능의 영역으로 넘어가 버리고 만다.

그런데 남북 분리관리가 과연 가능하겠는가라는 회의론을 제기하는 이들도 꽤 많다. 그러나 분리경영관리는 다음과 같은 틀을 바탕으로 반드시 만들어 내야 한다.

첫째, 유인효과(Pull Effect)가 있다. 각자의 본래 거주 지역에서 내부로 끌어당기는 힘이 작용하게 되는 이유는, 자기 본래 거주지역 부근에서 경제가 움직이기 시작하고 일자리가 생겨나는 상황인데, 불확실성 속에 묻혀 있는 낯선 다른 지방으로 이동을 하여 방황할 필요가 없는 것이다.

둘째, 동시에 바깥으로 나오지 못하도록 안으로 밀어 넣는 억제효과(Push Effect)도 함께 작용시킬 수 있다. 북측 주민들은 거주이전의 자유가 없는 사회에서 반세기 이상을 살아 온 사람들이다. 동일한 방식으로 처음부터 당분간 지속적으로 법 규정에 의한 통제를 받는다 해도 새롭지 않다.

셋째, 그 위에 통일 직후부터 식량, 피복, 의약품 등 생필품과 최소한의 생활보조금 등이 북측 주민들이 본래의 북측 지역을 떠나지 않는 경우에 한하여, 각자의 본거지에서만 지급되는 방식을 채택한다면 현실적으로 이는 매우 강력한 억지력을 발휘할 수 있게 될 것이다.

### 2) 바이 코리안 정책 (Buy Korean Products Policy)

남북 소득조정 기간을 통하여 통일로부터 얻는 이득의 크기를 극대화 시키면서 동시에 통일비용 절감과 조달에도 크게 기여할 수 있는 실로 대단히 중요한 정책으로 '바이 코리안 정책(Buy Korean Products Policy)'을 놓쳐서는 안 된다. 통일대박의 가장 큰 비밀은 실로 여기에 숨어 있다는 점을 밝혀 두고자 한다. 이 정책 개발의 결과는 콜럼버스의 달걀을 떠 올리게 하는 장면이다. 해 놓고 보면 별것 아닌 듯하지만 이것은 실제로 결정적으로 중요한 부분이다.

미국도 필요할 때 '바이 아메리칸(Buy American) 정책'을 채택했던 경우가 있다. 이번에는 우리가 통일을 성공적으로 완성하는 상황에 처하여 미국, 일본, 중국, 러시아 등 가까운 강대국들로부터 이해와 협조를 구하는 것이 필요하다.

북측 소득수준을 10년 기간에 걸쳐 남한의 절반에 이르도록 하려면, 매년 남한 GDP의 대략 7% 규모에 이르는 실물자본이 북측 지역에 투입되어야 한다. 이 모든 것을 단순히 국제시장 기능에 맡겨 놓으면 안 된다. 남한이 모든 것을 관장하고 제공할 수 있도록 하는 것이 긴요하다.

따라서 통일 이전에 주변 강대국들에게 우리의 특수한 사정을 이해시켜 나가면서, 결정적으로 기회가 닥칠 때 필요한 협조를 얻는 것이 긴요하다. 통일 후 그들에게 무슨 물질적인 원조를 해 달라는 것이 아니다. 우리가 스스로 개척하고 해결해 나가는 것을 지켜보아 주기만 하여 달라는 것이다. 그리하여 위에서 말한 GDP 7%에 해당하는 실물자본 가운데 적어도 8할 이상은 남한에서 생산·조달할 수 있게 되어야 한다. 이는 남한 GDP의 5.6%에 해당하는 실물생산량 증가를 의미하는 것이다. 이 유효수요를 바탕으로 남한 경제는 급속한 경제 성장의 길로 들어설 수 있다.

이러한 바이 코리안 정책이 과연 가능하겠는가 라고 매우 회의적인 시각을 가진 이들을 보기도 한다. 이를 위하여 일부는 우선 우리 내부 규정을 통하여, 기술적 처리 방법으로 이를 가능하도록 만들 수 있겠다. 그 위에 우리는 통일 시기 전에 우리의 형편과 장래를 위한 구상을 장래 이해당사자가 될 강대국들의 사회 지도자급 인사들 층에서 미리 알 수 있도록 하면서 상호 이해의 폭을 넓혀가는 사전 작업을 꾸준히 해 나갈 필요가 있다. 주변 강대국들의 이해를 구하는 일을, 바로 목전에 이해관계가 서로 얽히게 된 상황에서 하려 한다면 이미 늦는다.

이러한 바이코리안 정책에 따르는 생산 증가, 국민 총생산 5.6%에 더하여, 부분적 군 병력의 산업 인력화에 따르는 생산량 증가 1.92%, 그리고 추세적 성장 잠재력 2.7%를 합산하게 되면, 통일 후 10년 동안 남한경제는 매년 물경 10.22%라는 경이적인 경제 성장을 이룩하게 되고, 당당한 일류 선진국 수준으로 도약한다. 이것은 전반적으로 유효수요를 바탕으로 하는 현실적 구도이다.

우리가 통일비용을 놓고 경제적인 이해득실을 아주 간단하게만 따져 보아도, 분단비용이 통일비용보다 크다는 사실을 확인하게 됨으로, 통일은 하지 않는 것 보다 하는 편이 아주 훨씬 낫다는 결론을 얻는다. 실은 여기에 그치지 않고 경제불황을 넘어서서 획기적인 경제 성장까지 더 가져올 수 있게 된다면, 누가 통일을 마다하겠는가? 우리는 돈을 쓰는 통일이 아니라 돈을 버는 통일을 만들 수 있는 것이다.

이와 같이 특별한 상황에서 발생하는 특수(特需)에 따라 나오게 되는 순 이윤을 얻게 되는 기업들은 그 가운데 일부분을 일반세금이 아닌 특별기여금(가칭)으로 별도로 납부하도록 한다면 전술한 통일비용 종류 중 비상사태 대처 위기관리비용, 제반 제도 체계 단일화비용 등에 해당되는 소모성 비용을 충당하는 데 있어서의 일부로도 활용할 수 있겠다.

### 3) 한시적 군비 감축

통일 후 남북 소득조정 기간 동안 막대한 통일비용을 충당해야하는 입장에서 군비 지출을 GDP의 1% 이내에 머물도록 하는 것이 바람직하다. 여기에 있어서도 물론 미국을 위시하여 중국, 일본, 러시아 등 세계 강대국들의 이해와 협조가 필요하다. 이 정책이 가능할 때 통일 후 10년 동안 GDP의 7% 통일비용 가운데 매년 대략 2%에 해당하는 부분을 해결할 수 있다.

일본은 2차 세계대전 후 수십 년 동안 미국의 보호 아래 자위대 유지비용을 GDP 1% 선으로 계속 유지하여 왔다. 우리도 통일 후 우선 10년 동안만 군비가 GDP 1% 수준에 머물도록 하는 것이 긴요하다. 누가 우리를 군사적으로 넘보지 않도록 미국, 일본, 중국, 러시아 등 강대국들의 협조를 이끌어 내야 하겠다.

그렇다면 비록 한시적이라도 이와 같은 군비 축소가 남한 군부 내부의 반발로 과연 가능하겠는가 라는 회의론을 제기할 수 있겠다. 그러나 다음과 같은 구도 속에서는 큰 문제가 없으리라고 본다.

첫째, 남한 직업군인들은 통일 후에도 직업군인으로서의 각자의 직을 그대로 계속 유지토록 한다. 군의 하부구조는 통일 당시에는 아직 생산성이 취약한 북측 지역 청년들을 위주로 한다.

둘째, 이 과정에서 병역의무로부터 자유로워지는 남측 청년들은 바로 산업인력화 하거나, 학업을 지속함으로써 장래의 생산성을 제고시킬 수 있도록 한다. 젊은이들이 더 이상 강제 입대해야 될 필요가 없다.

셋째, 군의 재편 과정에서 과거 북측의 기간병 이상의 병력은 전원 전역시키고, 그들로 하여금 산업 훈련 과정을 거친 후 생산에 종사토록 하는 것이 바람직하다.

넷째, 통일 후 상당 기간 동안 북측 지역에서 군 조직이 뿌리 내릴 때까지 남측의 예비역 장성과 장교 대다수가 현역으로 복귀하여 봉사하도록 하는 것이 군 조직을 최단 시일 내에 안착시키는 길이 될 것이다.

다섯째, 이제까지 오랜 기간을 거쳐 온 한미관계를 배경으로, 특히 편의성을 감안하는 차원에서 통일 후 남북 소득조정 기간 10년 기간까지는 물론, 그 이후에도 필요에 따라 가급적 상당 기간 미군이 통일한국에 주둔하도록 협력을 유지하는 것이 긴요하다. 이 경우에 미군의 주둔 위치는 통일 당시로부터 북상하는 형태로 되지 않도록 한다. 중국이 불필요하게 예민해 질 수 있기 때문이다.

여섯째, 이러한 과정을 거치는 가운데 유럽 다자안보협력체제(CSCE)와 같은 동북아 안보협력체제를 확립할 수 있다면 금상첨화가 될 것이다.

### 4) 북측 토지 국유제 유지, 지가증권 보상

통일 후 북측의 토지 원 소유주에게는 실물 반환이 아니라 1949년 남한 농지개혁시 지급되었던 지가보상이 답이다. 독일에서는 단순히 원리원칙론에 입각하여 토지 실물반환 정책을 채택했다가, 일시에 220만 건에 달하는 소송에 휘말리게 되었다. 또한 과거 남한에서 시행된 토지개혁과의 형평성 문제도 있다.

또한 북측 토지제도는 종래 같이 국유제를 유지시키도록 한다. 그 이후 아주 장기적인 차원에서 남측 토지제도를 북측 국유제도로 일원화하 하여 전국을 단일화 하는 것도 바람직하다. 토지제도 한가지에 한 하여는 남측으로의 단일화가 아니라 북측으로의 단일화가 바람직하다. 시장경제의 태생적 취약점 보완차원의 조치이다.

통일 후 북측 토지제도는 현행 국유제도를 그대로 계속해서 유지하는 것이 중요하다. 그것은 통일비용을 필요 이상으로 확대시키지 않으면서 통일을 성공적으로 마무리 짓는 데 있어서도 필수이기 때문이다. 섣부른 사유화 후 이를 대상으로 국가가 필요한 만큼 다시 매입하여 사회간접자본시설 등을 확충하려 한다면 천문학적 단위의 재원이 필요하다. 그리고 이 조치는 무엇보다 통일한국의 경제와 사회 발전을 위한 백년대계 내지 천년대계 차원에서 그러하다. 일정한 크기의 한정된 토지 때문에 일어나는 토지투기는 만인의 적으로 보아야 한다. 이러한 시장경제체제의 결함 보완은 이 지구상에서 오직 오랜 세월 남북이 분단되어 있던 한국의 경우에만 가능하다. 이로써 우리는 세계에서 상대적으로 가장 모범적인 시장경제체제를 구현해 낼 수 있다.

* 위 조건들에 추가로 한국 통일과정 전후를 통하여 특히 유의하여야 될 분야는 <u>돈독한 한미관계를</u> 놓칠 수 없다.

6.25 동란으로 자칫 공산화 되기 직전 미국 트루먼 대통령의 결단으로 미군 중심 UN군의 도움이 있어 대한민국은 가까스로 살아났다. 그후 박정희 대통령의 걸출한 업적으로 대한민국은 한강의 기적을 이루어내게 되었다.

이제 한국의 숙원인 남북통일단계로 들어가는 마당에 있어 통일 전후를 통하여 미국의 협력은 대단히 중요하다. 물론 금전적으로 도와달라는 것은 아니다.

미국의 입장에서는 한국의 혁혁한 발전이 대단히 자랑스러운 쾌거라고 여기어 주기 바란다. 세계사에서 미국의 도움을 받은 수많은 나라들 가운데 대한민국만 유일하게 크게 발전한 훌륭한 국가로 성장하였다. 미국으로서도 세계적으로 내세울 훌륭한 업적이 추가 된 것이다.

그런데 한국이 이에 그치지 않고 통일을 이루고 통일대박의 훌륭한 국가로 거듭 태어난다면 미국에도 대단히 큰 이익이 되는 것이다. 물론 비교우위에 따르는 교역으로 한미간 상호 이득의 폭이 확대되는 경제이득이 존재함은 물론이다. 그런데 현실적으로 미국이 중공과 세계적 차원에서 주도권을 다투어 나가는 입장에서 한국의 역할은 세계 어느 나라에도 비교할 수 없는 위치에 있다. 따라서 미국은 북한 김정은을 잘 구슬러 나가는 과정에서 김정은을 베트남 만큼 잘살게 만들어 주며 얻게 되는 조그만 경제적 이득에 집착할 필요가 없다.

한국이 통일되고 통일한국과 미국이 한미혈맹 관계를 계속 크게 유지하여 나간다면 대 중국공산당 차원에서 일본을 훨씬 뛰어넘는 미국 우방 하나가 아시아 동부에 출현한 것과 같은 역할을 하게 될 것이다. 미국으로서는 엄청난 힘이 된다.

# ❋ 부록1: 통일대박특별법 (구상)

(※ 어느 날 갑자기 통일이 닥치면 당황하거나 우왕좌왕 하지 말고 바로 그 순간부터 아래의 특별법 구상을 토대로 통일대박 작업에 착수 실행 개시하면서 구체적인 일들을 잘 다듬어 나가는 것이 바람직하다.)

(※ 〈유의사항〉 "통일헌법" 논의는 통일후 "통일대박특별법"에 따르는 10년간의 남북지역 소득 성장 조정이 끝난 이후에 이루어져야 한다. 통일헌법이 선행되면 남북 지역 간 점차적 소득 조정이 불가능 하게 되는 면이 발생하기 때문이다.)

(법의 기반) 통일대박특별법은 남북통일 이전 단계의 대한민국 헌법을 기반으로 한다.

특히 그 기본 핵심은 구체적으로 자유민주 체제, 시장경제 체제, 법치로 집약된다.

이러한 핵심요소들에 상충하는 공산주의 혹은 공산사회주의적 요소는 개입될 수 없다.

(목적) 이 특별법은 통일전 북측지역(이하 북지역)의 1인당

소득 수준이 최단 시일 내에 통일시점 당시의 남측 수준을 능가하도록 하면서 동시에 이 과정에서 남측지역(이하 남지역)의 경제도 급속한 경제성장이 이루어지도록 함을 목적으로 한다. 어느 일방이 타방에 대하여 일방적 희생이나 시혜의 구도로 되는 것이 아니다.

**(유효 기간)** 이 통일대박특별법은 정치적 남북통일이 이루어진 직후 신 회계연도부터 10년간을 유효기간으로 한다.

**(통일정부의 북지역 정부조직)**

통일 후 10년간 통일대박구도 완성으로 북측 주민 소득을 현저히 상승시키는 과정에서 북지역에는 북측 제반 부서를 총괄적으로 관장하는 제2총리를 둔다.

제2총리는 대통령에게만 책임을 진다.

통일대박특별법이 적용되는 10년 기간 북측지역을 관장하는 제2총리 산하에 모두 정부 제2부처를 별도로 조직한다.

이 특별법 목적을 수행함에 있어 국정원, 국방부 및 그 관련 부서, 법제처는 남북 총괄 형태로 그대로 존치하고 남북 전반을 통합하여 총괄 한다. 다만 통일부는 해체한다.

국가안보 관련으로 국정원 관할 하에 북지역 총괄 담당부서는 전반적 차원에서 국정원 테두리 안에 있지만 구체적 활동은 독립적으로 진행한다.

결과적으로 통일 후 10년간 남북 각 지역에는 대체로 별도의 행정조직, 사법조직을 존치한다.

## 제1장 남북통일 전 북측지역 주민(이하 북주민) 취업가능 지역 범위에 관한 법률

제1조 [목적] 이 법은 통일전 북주민들의 통일후 취업가능 지역을 명시하기 위함을 목적으로 한다.

제2조 [취업지역 범위] 북주민들의 취업지역은 통일후 10년간 통일전 북지역 내부에 한한다. 단순 여행은 제약 없다. 10년의 기간동안 북지역내부에서의 전직은 가능하다.

제3조 [취업 장소] 북주민 취업장소는 본인의 희망과 능력을 최대한 참작하여 제2기획재정부의 지침 범위 안에서 제2행정안전부의 각 지역 주민센터 담당자가 정한다.

제4조 [지역별 산업 중점 매스터 플랜 작성] 이 매스터플랜은 제2기획재정부, 제2산업통상자원부, 제2중소벤처기업부, 제2국토교통부가 협력하여 작성한다.

제5조 [국가 보조금] 통일 직후 초기에 북주민 국가 생활보조금 지급이 필요한 경우, 통일후 10년간 북지역내 지속적 거주자에 한한다.

## 제2장 바이코리아 정책에 관한 법률

제1조 [목적] 이 법은 북측지역 경제성장에 필요로 하는 생산실물자본(Physical Capital)을 조달함에 있어, 해외로부터 수입은 필수불가결한 경우를 제외하고는, 일체 남측에서 모두 생산 무상 공급하는 생산실물자본을 사용하는 것을 원칙으로 함을 규정하는 것을 목적으로 한다.

제2조 [해외 수입] 남측에서의 생산실물자본재 조달이 불가피하게 원활하지 못한 경우 해외로부터 수입은 제2산업통상자원부의 허가를 득하여야 한다. 해외수입은 가급적 총규모 남GDP 7%의 20% 이내로 하며 적을수록 좋다.

## 제3장 통일전 북지역 개인소유 토지 보상에 관한 법률

제1조 [목적] 이 법은 북지역 토지에 관한 소유권을 확정 실시하는 것을 목적으로 한다.

제2조 [북지역 토지소유권 및 토지사용권] 통일전 북지역 토지

는 일체 국유이었는바 이는 모두 계속하여 통일대한민국 국유로 한다. 토지사용자는 토지 사용권을 갖는다.

제3조 [토지보상] 북정권이 몰수한 북지역 모든 토지에 있어서 토지 개인 소유 증서 원본을 소유하는 경우에 한하여, 남지역 대한민국에서 1949년 시행하였던 토지 소유자에 대한 농지보상법에 준하는 수준에서 남측의 경우에서와 동일하게 지가증권으로 보상 지급한다. 토지 실물 반환은 하지 않는다.

제4조 [북지역 토지보상 관할부서] 북지역 토지보상은 제2농림축산식품부와, 제2국토교통부, 제2기획재정부가 공동으로 대한민국에서 1949년 시행하였던 토지 소유자에 대한 농지보상법의 기반 위에 보상 규정을 마련 실시한다.

## 제4장 북측 화폐 교환비율

제1조 [환전] 통일전 시기 북주민 보유 화폐는 시장실구매력 수준에 따라 대한민국 화폐로 환전한다.

제2조 [외채 불상환] 외국 보유 북한 화폐나 채권은 교환대상에서 제외된다.

제3조 [북불법화폐] 북당국이 통일 임박하여 주민들에게 무상

으로 지급한 북화폐는 교환 대상에서 제외된다.

## 제5장 이 특별법 시행 기간 중 제한 규정

제1조 [노동조합 등 민간단체 조직 제한] 이 특별법 시행 기간 중에는 북지역에서 민노총, 한노총, 언론노조, 전교조, 공무원노조 등 일체의 노동조합 포함 그 유사 모든 민간단체 조직을 불허한다.

제2조 [일체의 북지역 군조직은 전면 해체] 통일 즉시 통일전 북지역 군조직은 전면 해체한다.

제3조 [각급 의회 부존재] 이 특별법 시행 기간 중에는 국회 및 지방의회를 포함 일체의 각급 의회는 존치 하지 않는다.

제4조 [북지역 사법조직] 이 특별법 시행기간 중 북지역 사법체계는 별도의 단심제로 한다.

제5조 [남지역 개병제를 지원병 제도로 전환 및 제한] 통일후 남지역 개병제는 지원병제도로 전환한다. 이 특별법 시행 중에는 북지역 주민 병역 지원제도는 존재하지 아니한다.

제5조 [군비 규모] 통일후 이 법 시행중 전군비는 미국 일본의 안보 협조 아래 통일대한민국 GDP 1% 정도에 한하도록 한다.

## (* 토지소유제 관련)

자유시장경제에는 그 자체 맹점들이 태생적으로 몇 가지 존재한다.

그 가운데 특히 국토가 협소한 나라에서는 토지투기에 따라 부익부 빈익빈 현상이 두드러지게 나타나는 고질병이 나타나기 쉽다.

이 부분을 완화시키기 위하여 장기적으로 예를 들어 50~70년의 세월에 걸쳐 모든 국민들의 경우에 선의의 피해자가 최소화 되도록 조율해 내면서 국유화 하는 것이 현명할 것이다.

이 책에서는 그에 관한 부분에 있어 방향제시를 하는데 그치면서 실제 조율은 후대 당대에 맡기기로 한다.

통일한국이 통일대박을 얻을 수 있게 된 중요한 배경 가운데 하나는 통일전 북측토지가 북 정부 수립후 지속적으로 모두 국유화 된 상태에서 남과 북이 합쳐지게 되었다는 것이다.

그러면 통일대박 성취 후 남과 북이 동일한 토지제도로 가는 경우에 어느 쪽을 택할 것인가? 결과적으로 토지에 관한 한 남으로 통일보다는 북의 국유제로 통일이 바람직하다.

그렇다면 망하는 길로 가고 있는 중공이나 북조선의 토지국유 형태를 따르는데 문제가 있지 않겠는가 의문을 가질 수 있다. 그러나 공산국가들 토지 국유화의 가장 큰 목적은 사실상 토지가 대국민 통제의 강력하고 중요한 수단이기 때문이다. 이에 비하여 통일한국의 토지 국유화는 토지가 협소한 국가에서 자유시장경제를 채택하는 경우에 태생적 단점 하나인 토지 투기를 극복하는 수단이기 때문에, 다른 서방 국가들과는 크게 다른 이점이 있는 것이다. 분단되어 다른 제도를 가지고 있던 나라들이 통합과정에서 얻게 되는 아주 큰 이점인 것이다. 분단되어 이질화 된 단점이 크지만 이와 같이 분단되어 있던 상태가 오히려 유리한 상황으로 변한 것이다.

(※ 통일이 이루어지면 통일 후 북측 주민 들이 얻게 되는 상대적 이점이 크다. 바로 부동산 관련 부분에 존재한다.)

남북통일 즉시 북 토지 국유화로 북주민들이 건축실비와 저렴한 토지 사용료에 따르는 주택 사용 가격으로 통일초기에 각 개인 주거지 사용에 있어서 남주민들의 어려운 주택문제와는 비교가 안 될 정도로 유리한 위치에 있게 된다.

통일대박 완성의 길 04

# 통일대박은 통일된 다음의 일이다. 그러면 통일로 가는 길은?

통일을 추구하는 80년 분단역사를 놓고 볼 때 통일을 위한 유일한 길은 R이론에 바탕을 둔 합류통일 뿐이라는 결론에 이르게 된다.

"R이론"(The Theory R: The Strategies for Korean Reunification)은 지난 세기 국제경제학자 Jan Tinbergen의 이론에 근거를 둔다. 모든 정책 수단은 최소한 정책 목표의 수효만큼은 있어야 한다는 일반적 정책 이론이다. 이를 한반도의 남북 간 상황에 대입한 1994년 필자의 작품이다.

요체는 통일정책 수행에 있어서 정책목표 수효만큼 정책 수단이 필요하다는 내용이 대단히 중요하다.

북측에는 현실적으로 2개체가 존재한다. 북정권과 북주민이다. 두 개체의 목표가 서로 다르다. 하나는 왕권 계속 유지·수호이다. 다른 하나의 주체인 북주민들은 당연히 인간답게 잘 살기를 원한다.

이 두 목표는 함께 이루어질 수 없게 되어 있다. 김정은이 공산주의 왕국을 유지하고 있는 한, 그 체제하에서는 경제발전이나 인간다운 삶이란 얻을 수 없게 되어 있다.

김정은 북정권은 어떤 경우에라도 왕권을 놓고 타협하거나 내려놓을 생각이란 전혀 없다.

따라서 현실적으로 북정권과 통일 문제 협상은 타협대상도 아니다. 협상이란 모양만은 있을 수 있다.

우리가 통일의 길로 가려면 결국 두 개체, 즉 김정은과 북주민의 분리 대응이 문제해결의 길이다.

이제까지 실제로 거론된 통일방안만 하더라도 모두 30여 가지에 이른다. 그러나 그 어느 하나 현실성 있다고 볼 수 있는 것은 없다. 서로 하고 싶은 말만 나열하는 것에 그쳤던 내용을 본다. 왜냐하면 통일 문제를 놓고 김정은 권부 자체와 설왕설래 하는 데만 그치고 있었기 때문이다. 결국 통일은 북주민의 손을 따라 올 수밖에 없는 것을 새삼 깨달아야 한다.

**\*통일을 만들어 내는 기본 구도는 R이론 중심으로\***

이제 우리가 통일대박이라는 엄청난 세계를 찾아낸 현재 상태에서는 통일이 우리에게 부담이 아니라는 정도가 아니다. 오히려 대박을 안겨 준다는 사실을 확인하게 하여 준다. 그런데 이것은 또한 사실상 통일이 되고 난 다음의 일이다. 그러면 어떻게 통일을 만들어 낼 것인가라는 근본적 과제와 마주하게 된다.

## 현실적 통일방안 – 합류통일

현실성 있는 실사구시적 통일방안이란 다음과 같이 3단계 합류통일 방안으로 정리하여 볼 수 있겠다.

**제1단계:** 남한 국민들이 "통일대박"의 진정한 내용과 구도를 숙지하고 받아들여, 통일지향적인 범국민적 공감대를 확실하게 형성하는 것이 무엇보다 우선이고 중요하다. 이제까지와 같이 남측 국민들이 통일을 부담으로만 여기면서 남남갈등으로부터 헤어나지 못하고 있는 한 통일이란 없기 때문이다.

통일대박 구도를 착실히 따라갈 때, 우선 통일 10년 후에는 통일된 남북 전 국민을 망라하는 1인당 평균 국민소득이 전세계에서 미국 바로 다음으로 제2위에 올라선다는 엄연한 사실을 실리적인 차원에서 확실히 파악하도록 하여, 이 진실이 우리 모든 국민들의 꿈과 희망으로 확실하게 자리매김 하도록 만드는 것이 가장 중요하다.

　우리겨레 수천년 역사 이래 처음 오는 이 거대하고도 가슴 벅찬 꿈과 희망을 온 국민이 확실하게 함께 공유하면서 통일 지향적인 자세로 함께 움직여 나갈 때 통일은 가능해 진다. 지난날 박근혜 대통령이 2014년 기자회견에서 "통일은 대박이다! 이렇게 생각합니다…"라고 외치면서, 통일비용 부담감 때문에 통일이 필요하다는 국민정서가 오랫동안 53% 내외에 머물던 상태로부터 급격하게 82.6%로 급상승하는 놀라운 현상을 보여준 역사적 사실을 우리는 확실하게 기억한다.

　통일이 가능하게 되려면 가장 먼저 모든 남한 국민들이 통일 대박의 실제상황을 이해하고 믿으며, 탄탄한 국민 공감대를 형성하고 있을 때 가능하다.

　**제2단계**: 제1단계가 어느 정도 진행되면서 북한 주민들에게도 통일대박의 구도와 실제 전망이, 은연중에 점차로 알려지도록 하여 그들도 우리와 꼭 같은 꿈과 희망을 갖도록 만들어 주는 것이 반드시 필요하다.

　외부세계 정보가 들어가는 길은 휴전선 일대의 확성기나 풍선에 삐라 날리기에만 국한 시킬 필요가 없다. 길은 여러 형태로 무수히 많이 만들어 낼 수 있다. 국내외를 통하여 우리 모두의 지속적인 꾸준한 실효성 있는 노력이 필요하다.

특히 미국의 의식 있는 인권운동가들과 함께 북주민들을 향하여 진정성과 함께 들어가는 외부세계 정보 물결이 실효성 있는 효과를 가져 올 수 있게 만드는 데 큰 도움을 주게 될 것이다.

그런데, 통일대박의 구도가 남한만 잘 살려고 하거나, 남한이 북한주민들을 도구로 이용하려는 것이 결코 아니라는 것을 확실하게 이해하도록 해 주어야 한다. 남과 북 우리 민족 모두가 평화 속에 번영을 함께 누리고자 한다는 사실과 그 진실성을 이해시켜 주어야 한다. 북조선 주민들에게 시시때때로 들어오던 공허한 말잔치에 불과한 것이 아니라는 것을 알 수 있도록 해 주어야 한다. 김일성 왕조는 지난 80년간 "기와집에서 이밥에 고깃국 먹는 것"을 계속 약속하여 왔지만 쌀밥에 고깃국은 아직도 멀다. 그리하여 북한 주민들의 입장에서도 통일대박의 미래세계가 남이 아닌 실제로 바로 자기 자신의 것이라는 희망과 꿈을 내면적으로 깊이 간직할 수 있도록 만들어 주어야 그들의 생각이 달라지게 될 것이다.

**제3단계**: 제2단계의 과정이 성숙되어 가는 길목에서, 북한 주민들이 스스로 수령 제일주의와 자력갱생의 북한정권, 그리고 김정은을 결사 옹위하는 개인 왕권체제를 정리하고, 자유민주와 시장경제체제의 대한민국으로 자진하여 합류하는 결정적 적기에

신호를 보내줄 줄 알아야 하겠다. 그리 하여 우리 겨레가 하나 된 세계 모범국가를 만들어 내고, 다 함께 평화와 번영의 길로 들어서는 길을 택할 수 있게 되어야 한다.

"합류통일"이란 결국 북주민들이 북정권, 김정은 독재 공산정권을 뒤엎어버리는 인민들의 "목란혁명"을 통하 스스로 대한민국의 자유민주, 시장경제, 법치의 체제로 능동적 적극적으로 "합류"하여 결국 통일을 이루는 형태의 통일을 말한다.

– 결국 통일을 이루는 구체적 답은 북측 주민들의 결단에 따라 나오는 합류통일이다.

요약하자면 남북분단 이후 통일을 그리며 수시로 침몰했던 여러 형태의 통일방안들은 아래에서 그 일부를 보는 바와 같이 30여 가지에 이른다. 그러나 적합한 통일의 길 제시는 있을 수 없었다. 왜냐하면 합류통일의 길을 도외시 하고 북조선 김씨 왕국의 집권자에게 다가가면서 타협할 생각만 하고 있었기 때문이다.

김일성은 1960년대에 고려연방제를 주장하였다. 남측에서는 이렇다 할 통일방안도 없이 지내다가 노태우 대통령 때 이르러 3단계 통일방안을 제시하였다. 탁상공론이었다.

남북 교류협력, 국가연합, 통일의 3단계이었다. 그 연장선상에서 김대중 대통령이 후일 김정일에게 3단계통일방안 중 두번째 단계인 국가연합 단계를 언급하니 "아! 그것은 낮은 연방단계에 해당하는 것"이라고 해설하면서 고려연방제 틀로 이끌어 주었다.

문재인이 추구했던 바로 그 낮은 연방단계 통일은 최악의 경우가 된다. 지난 세기 세계역사가 보여 주듯 공산주의나 공산사회주의로는 국가가 발전하여 나갈 수 없게 되어있다.

우리는 무력통일도 생각해 볼 수 있겠지만 그 피해가 상상을 초월한다. 김영삼 대통령 때 전쟁 희생자 백만명의 예상 숫자를 듣고 포기했다 한다. 더욱이 이제는 더 강력해진 핵무기 규모에 따라 완전히 다른 세상으로 들어왔다.

한편 통일이라 하면 우리들은 쉽게 독일의 흡수통일 경우를 예로 들기도 한다. 그렇지만 그런 식의 통일은 우리에게 적합하지도 않고 또한 우리는 감당하지도 못한다. 우리에게는 그들과 다른 차원의 통일대박 구도가 있다. 독일이 통일 전에 우리가 현재 가지고 있는 형태의 통일대박 구도가 있었다면 통일 후 독일 국민들이 30년이란 오랜 세월 동안 부담스러운 통일세 속에 고통을 당하지도 않았을 것이고 지금쯤 세계 초일류 국가가 되어 있을 것이다.

통일대박 구도를 바탕에 두고 북주민들이 통일 후 얻게 될 통일대박의 성과가 남한만이 아니라 동시에 바로 북측 주민들 자신의 깃이 된다는 점을 이해, 납득하도록 실상을 전파시켜 주어야 한다. 우리는 모든 가능한 채널을 통하여 그들이 북한 외부의 실상을 알도록 도와주어야 한다. 남북이 통일을 이루고 통일대박 구도를 착실하게 따라간다면 통일 10년 후에는 통일한국 남북 전 국민 1인당 평균 생산소득이 전세계에서 미국 바로 다음 두번째로 가는 나라가 된다는 것을 알도록 해 주어야 한다. 그리하여 이 시대 선진국이라는 독일, 영국, 프랑스, 일본보다도 훨씬 앞서 가게 된다는 사실을 확인시켜 주어야 한다. 그 결과 북의 민심이 주체사상이나 김씨 왕조에 대한 충성은 사실상 의미가 없는 허무한 것이고, 현실에 입각한 실리적 측면에 눈을 뜨도록 하여 북 민심이 남측을 향하도록 만드는 것이 결정적으로 중요하다. 그리하여 통일을 만들어 내는 중심 주체가 바로 북 주민들이 되도록 주위환경을 만들어 주어야 한다. 그 길을 통하여 쌍방의 희생을 최소화하는 것은 물론, 북의 자존심이 건재하도록 유지시켜 주는 통일을 만들어 내어야 한다. 민심이 천심이라는 진리가 또 한번 입증되는 기회가 될 것이다.

"합류통일"이란 이론적으로는 필자가 1994년 매일경제신문 "신창민의 통일칼럼"에서 제시한 "R이론"에 근거를 둔다.

북조선의 내부를 보면 실제로 하나의 개체가 아니고 김정은 및 그 추종세력과 여타 일반 주민들 두 부류로 구성된다. 따라서 김정은에 대한 정책과 그 피지배 집단인 일반 주민들에 대한 정책은 다른 형태라야 한다.

김정은에 대하여는 그의 핵무기에 대항하는 군사력이 필요하다. 그 피지배 계층인 일반 주민들에게는 남한과 해외동포들이 그들에게 바깥 세계의 실상을 알려주는 과정이 반드시 필요하다. 대대로 내려오는 세뇌 상태로부터 벗어나 정상적으로 이성적 판단을 하는데 도움을 주어야 한다. 그리하여 그들 스스로 김정은 공산 독재 정권을 허물어 버리는데 작심하고 모두 나설 수 있어야 한다. 사실 김정권을 밖에서 무너뜨리려면 부작용이 너무 크다. 북조선 내부에서 해결하는 것이 가장 바람직하다.

## - 이제까지의 여러 통일방안

이제까지 노태우 정부 이래 역대 정부는 중간에 "국가연합" 단계를 넣으면서 대체로 비슷한 3단계 통일방안을 표방해 왔다. 그러나 이들 방안은 사실상 공허한 것들이었다. 모양은 좋지만 실제로 현실성은 없었다. 북에서 표방하는 고려연방제 대응차원에서 대외제시 용도의 통일정책 모습으로는 필요하기도 하였을 것이다. 그러나 우리가 추구해야 될 현실적인 실사구시적 통일방안은 지난 수십년 동안 찾아 볼 수 없었다.

1. 김일성의 고려연방제
2. 노태우 정부 3단계 통일방안
   (남북교류협력, 국가연합, 통일)
3. 3단계통일방안 (남북 화해협력, 국가연합, 통일)
4. 햇볕정책 통일방안
5. 핵무기 바탕 무력통일 방법
6. 정치협상에 의한 통일
7. 강대국들에 의한 통일
8. 중립국이 해답이다.
9. 반공의 길로 통일
10. 평화에 방점을 둔 평화통일
11. 북정권을 봉쇄, 압박하여 무너지게 만드는 길
12. 1991년 김일성 신년사에서 "먹는 통일은 싫다" 선언.
13. 김정은 제거
14. 한 천만 명이 굶어 죽는 상태로 가면서 스스로 무너지는 때까지 기다림
15. 레짐 체인지(Regime Change, 정권교체)
16. 통일은 오직 기도를 통해서만 올 수 있다.
17. 통일은 문화적 접근으로만 이룰 수 있다.
18. 남한이 선진화 되어야 통일이 된다.
19. 퍼주기는 절대로 안 된다.

20. 유연한 상호주의가 답이다.
21. 이명박 대통령 비핵, 개방, 3천(즉 핵무기 없애고, 북측이 개방하면 1인당 소득 3천달러 만들어 주겠다.)
22. Surgical Strike(북측지역 환부, 김정은 제거 타격)
23. 낮은 연방제 통일(문재인 등 민주당 및 김정일)
24. 풍선에 삐라 날려 보내기와 대북 확성기 사용.
25. 탈북인들 활용("탈북민은 미리 온 통일이다.")
26. 헬조선 타도하고 김일성 주체사상으로 통일이 답이다.

등 다양한 통일 방안들이 명멸했지만 현실적으로 실효성 있는 방안은 찾아볼 수 없었다.

27. 이제 최근에 이르러 김정은은 자기가 원하는 공산화 통일은 쉽지 않다는 판단 아래 "우리는 같은 민족도 아니다. 민족통일이 필요 없는 다른 적성국가다." 라고 선언하기에 이르렀다.

28. 윤석열 대통령, "남북 당국간 대화협의체 제안, 어떤 문제라도 논의" 2024.8.15. 경축사

통일대박 완성의 길  05

# 통일비용

## I. 통일비용이란?

우리가 당면하게 될 현실적인 의미에서의 통일자금과 비용이라 함은

- 통일 직후 비상사태를 맞게 되면서 혼란을 극복하는데 필요한 식량, 피복, 의약품 조달 등 긴급상황에 대처하는데 쓰일 <u>위기관리 비용</u>

- 정치, 행정, 군사, 교육, 사회, 문화를 비롯한 여타 모든 분야에 있어서 제반 제도, 체계를 단일화 시키는 데 소요되는, <u>제반 체계 제도 단일화 비용</u>

- 남북 지역 간 소득격차를 어느 정도 축소시킬 목적에 따라 소요되는 일정한 <u>실물자본 조성을 위한 투자</u>를 실행하는데 들어가는 투자자금의 합을 지칭하는 것이다.

여기에 소요되는 비용과 자금은 모두 안정된 통일국가를 완성하는 데 필수불가결한 것들이다. 물론 그 가운데 자본 조성 부분은 경제전문적인 관점에서 본다면 비용이라기보다는 투자 개념에 속하는 것이다. 그러나 여기에서 편의상 통일비용이라는 범주에 편입시키는 배경은 이 부분이 반드시 조달되지 않고서는 진정한 통일을 완성시킬 수 없다는 데 있다. 즉, 일차적으로는 일반적인 의미에서의 투자라고 하기보다 필수적 지출이라는 의미가 더 강하다. 일상적인 투자란 손익 계산에 따라 투자를 하지 않을 수도 있다. 그러나 통일에 있어서 북측의 실물자본 조성을 위한 투자란 선택의 대상이 아니고 반드시 지출해야 되는 필수라는 점이 다르다.

이 투자자금은 거의 불모지나 다름없는 북측 지역에 생산 활동을 위한 실물자본(Physical Capital)을 형성하는데 필수불가결하다. 그런데 이는 결과적으로 통일한국의 '국부'로 남게 된다. 때문에 세월에 따라 감가상각 되는 부분을 제외하고는 지출과 함께 소모되어 없어져 버리고 마는 의미의 비용과는 전혀 다르다.

각종 통일 소요자금과 비용을 이상과 같이 3가지 형태로 나누어 볼 때, 비상사태에 대처하는 위기관리비용과 각종 제도, 체계의 단일화 비용은 그 크기가 상대적으로 크게 염려할 부분이 되지 않는다. 따라서 우선 북측 지역의 실물자본 조성을 위한 투자를 중심으로 분석한다.

## II. 현실적인 통일비용의 실제

### 1) 통일비용의 크기

통일 후 남북 간 소득조정 기간 자체를 시뮬레이션으로 분석해 보면, 10년이 적합하다는 결론을 얻게 된다. 이에 따라 통일소요자금을 추산한 결과를 보자.

[표3] 통일 소요자금 추산 결과 요약

| 남북 간 소득조정 연도 | 억 달러<br>(2013년 불변가격) | 남측 GDP 대비 비율 |
|---|---|---|
| 2026-2035 | 13,800 | 6.4% |
| 2031-2040 | 15,662 | 6.4% |
| 2036-2045 | 17,755 | 6.4% |

자료 : 신창민〈통일은대박이다〉 2012.7.16.

우리가 통일을 이루기 위하여 지금부터라도 적절한 수순을 밟는다면, 전반적으로 볼 때 통일은 2029년 까지는 이루어질 가능성이 상당히 높다고 여겨진다. 그 기간에 통일이 이루어지는 경우, 통일비용 크기는 전반적으로 통일을 기점으로 10년 동안 남한 GDP 대비 대체로 모두 7% 정도 이다.

이 7%의 크기는 위의〈표3〉에 나타나는 실물자본조성비용에 위기관리비용과 제반 제도 체제 단일화 비용을 합산하면서 중복되는 부분을 조정한 것이다.

### 2) 통일 소요자금 산출 각 단계별 계산 과정과 추산

"통일 소요자금 산출 각 단계별 계산 과정"은 이 책 뒷부분에 (*부록3) 으로 상세하게 구체적으로 정리되어 있다. 통일10년 후 북측 지역 1인당 GDP를 일단 남측의 절반을 목표치로 하여 소요되는 실물자본의 크기를 감가상각 부분을 감안하면서 산출해 낸 것이다.

### 3) 추산 결과 시사점

위의 방법에 따라 추산된 결과와 함께, 후술하는 조달 방안들을 기초로 분석하면 다음 결론에 이른다.

첫째, 우리는 통일비용을 감당할 수 있다.

둘째, 통일이 **빠르면 빠를수록** 절대액수에서뿐 아니라, 통일 당시 GDP 대비 상대적 부담 비율에서도 유리하다.

이 두 가지 결론에 더하여 다음에서 보게 될 통일비용 조달방법에 따른다면 획기적인 경제적 이득을 얻어낼 수 있다.

즉, 남북 소득조정 기간 중 북측 경제를 분리 경영하는 과정에서 '바이 코리안 정책(Buy Korean Products Policy)'을 전면적으로 시행하자. 미리 대내외적 여건을 갖추면 (남한 입장에서만 따져도) 통일 후 10년의 남북 간 소득조정 기간에 매년 GDP성장률 10.22%를 이루어낼 수 있는 획기적인 기회를 창출해 낸다.

통일대박 완성의 길　06

# 기타 직접적인 통일비용 재원 마련

## 1) 해외 차관 및 해외 채권 발행

통일비용에 필요한 GDP 7% 규모 중 1%에 해당하는 자금은 IBRD, ADB, AIIB 등을 비롯한 국제금융기구들로부터 장기저리 차관을 얻는 것이 바람직하다. 이러한 국제금융기구들은 개발도상국들의 경제 발전을 지원하고 있다. 통일 직전까지 북측 지역이 세계에서 지극히 낙후된 국가라는 사실과 통일이 가져올 국제적 평화와 안정이라는 면을 강조하면서 차관 도입을 추진하는 것이 긴요하다. 한편으로 통일한국의 상환 능력도 충분하다는 사실을 토대로 차관 도입 조건도 유리한 입장을 반영시키도록 노력한다.

해외 차관에 의한 조달이 GDP 1% 목표에 미달하는 경우 해외 채권 발행으로 보충하는 보완책이 필요하겠다. 즉 도합 1%의 자금을 해외로부터 도입하는 것이 적절하다. 해외 조달 부분이 미흡하게 되면 국내 직접 조달에 과부하가 걸리는 부작용을 낳을 수 있기 때문이다.

## 2) 국채와 세금

통일비용으로 소요되는 가운데 군비 축소에서 2%, 해외저리차관 1% 그리고 나머지 GDP 4%의 부분은 남측 국민들이 직접 조달해야 될 부분이다. 남북 소득조정을 위한 10년 기간에 매년 GDP의 2%씩 세금과 통일국채 발행으로 해결하는 것이 적절하다고 본다. 본래 세금은 이보다 적은 크기로 예상했었으나 문재인의 난을 거치면서 국가 부채가 600조에서 갑자기 1천조를 넘어가 버렸으니 세금을 1%에서 2%로 조정하는 것이 불가피하게 되었다고 본다. 국채는 소득 2%로서 세대 간 통일비용 분담의 의미를 갖는다. 통일로부터 얻는 이득과 편익은 통일 후 세월을 두고 세대를 넘어가면서도 모든 구성원에게 지속적으로 돌아가는 혜택이 될 것이기 때문이다.

독일에서는 이와같은 종합적인 사전 계획 구도가 없었기 때문에 1991~1998년 통일세 7.5%, 1999~2020년 통일세 5.5%라는 과중한 부담을 안고 살아야 했다.

다만 여기에서 지적할 것은 통일세나 국채란 어느 경우를 막론하고 미리 마련해서 비축하는 것은 바람직하지 않다는 것이다. 필요할 때 필요한 만큼 조성하는 것으로 족하다. 통일세 징수로 인하여 경제의 흐름으로부터 불필요한 누출 현상이 일어나 평소 그만큼 경제가 위축되는 일이 벌어지지 않도록 해야 한다. 일반

인들의 오해가 없기를 바란다.

　방위세를 통일세로 전환하자는 논의도 있으나 이는 과거 대결구도 속에서 나온 발상을 포장만 바꾼 모양이 되니 바람직하지 못하다. 또한 부가가치세 형태로 하자는 논의도 있으나 이는 빈부를 막론하고 동일한 부담이 되는 것이다. 결과적으로 역진세의 내용이 됨으로 경제적 약자들에게 더 큰 부담이 되는 것으로 적절치 못한 형태다.

　한편 남북협력기금으로 모금하여 비축하자는 의견도 있고, '통일 항아리' 개념이 돌아다니기도 했다. 그러나 이와 같은 모금의 형태로는 그 한계가 있기 마련이다. 또 통일세도 비축해 두었다가 필요할 때 쓰는 것이 아닌 것과 마찬가지로 이 역시 적합한 방법은 아니다.

통일대박 완성의 길 07

# 통일이득

다음에는 통일로부터 얻는 이득을 구체적으로 파악하기 위하여, 다음과 같이 세 구간으로 나누어 살펴보기로 한다.

1) 통일 바로 그 시점에서 분단비용 소멸에 따르는 이득.

2) 통일 후 남북 소득조정 10년 기간 동안 나타나게 되는 방대한 경제적 이득.

3) 그 다음 통일 10년 이후에 지속적으로 나타나게 되는 이득과 번영.

## 1) 분단비용 소멸에 따르는 이득

남북분단 상태에서는 불가피하게 치르지 않을 수 없는 분단비용이 지속적으로 발생한다. 이 분단비용이 통일과 동시에 그 원인 자체가 소멸되므로, 더 이상 분단비용을 치르지 않아도 되는 바로 그 만큼의 이득이 있다. 즉, 분단비용이라는 막대한 부(負)

의 크기가 소멸되어, 원점이었던 영(零)으로 돌아오게 되는 차이를 의미한다.

분단비용은 분단으로 인한 모든 기회비용으로서 분단 상태로부터 유발되는 인명 살상, 이산가족 고통을 비롯하여 모든 불편, 불안, 불이익, 손해, 손실, 과다한 국방비, 인력 낭비, 위험 부담 등 일체를 포함한다.

이에 따르는 이득을 구체적으로 우선 경제적인 면에서부터 보면,

- 소득조정 기간 동안 군비 지출을 감소시키고 그에 대체하여 매년 GDP 2% 규모에 해당하는 일반적인 생산재·소비재를 증산하고, 그 기간 이후에도 승수효과에 따라 상당한 생산량 증가를 얻을 수 있다.

- 남측 군 인력 감축으로 10년 조정 기간을 통하여 단·장기적으로 대체로 연간 GDP 2.4% 규모를 증산시킬 수 있으며, 그 기간 이후에도 그 보다는 적더라도 역시 상당한 생산량 증가를 얻을 수 있다.

- 청년시절 인적자산을 최대한 증진시켜야 함에도, 분단상태에 따르는 군개병제 때문에, 불가능하게 되었던 기회를 다시 회복한다.

- 북측지역에 사회간접자본 시설이 점차로 확충되면서 그 동안 큰 활용도가 없던 북측지역 지하자원들이 진가를 발휘한다.

- 분단 상태로 말미암아 남측 입장에서는 대륙으로의 육상통로가 차단되어 있기 때문에 운송비를 포함한 제반 물류비용을 더 많이 지불하게 된다. 또한 남한에서 북한 지역 상공으로 통과하는 항로가 막혀있기 때문에 우회할 수밖에 없다. 이로 인하여 불필요하게 추가되는 연료 등 추가적인 비용과 심리적 거리감을 떠안아야 된다. 이로 인한 불이익, 낭비가 사라진다.

- 대륙과의 통로가 열리면 러시아로부터 가스관을 통하여 저렴한 천연가스 직수입이 가능하여 에너지 조달에 크게 기여한다. 생산단가 저하와 국제경쟁력 제고가 뒤따른다.

- 남북 통합으로 시장이 확대되어 규모의 경제(Economies of Scale)로부터 오는 이득을 얻을 수 있다.

- 각종 과학기술의 보완적 이점을 살릴 수 있게 된다. 기초과학 가운데 북측에 상대적으로 강한 분야가 있다면, 이를 남측 시장성 관련 노하우와 배합해서 시너지효과를 얻을 수 있다.

- 남측 주민들의 입장에서는 금강산 관광에 드는 비용이 턱없이 비쌌던 이유가 분단으로 말미암아 실제 소요 이상의 추가적 비용을 지불해야 되기 때문이다. 여기에 현금으로 직접

지출되는 웃돈 역시 분단에 따르는 비용의 한 종류이다. 이러한 불필요한 비용이 제거되는 이득이 생긴다.

- 금강산은 명시적 비용을 지불하고서라도 관광이 가능하다. 백두산, 묘향산 등 북측 지역에 소재하는 다른 명승지는 갈 수도 없다.

이러한 관광자원으로부터 취할 수 있는 만족도와 이득은 통일과 함께 다시 찾을 수 있다.

- 분단으로 말미암아 철조망 등으로 일그러졌던 남북한의 금수강산 많은 곳이 모두 본래의 자연스러운 모습으로 돌아오게 된다. 그 속에서 우리들의 생활이 그만큼 쾌적해지고 훌륭한 관광 자원들이 본래 모습을 되찾게 된다.

- 명산 아름다운 암석에 흉물스럽게 깊이 새겨놓은 전제군주 김씨들의 이름, 정치구호를 제거해 버리며 제 모습을 찾아 환경 훼손을 제거 하게 된다.

- 전쟁이나 무력분쟁의 우려가 불식됨으로써 외국인 투자자들이 안심하고 직접투자를 할 수 있다. 이로써 국내에서의 고용 창출효과와 GDP 증가를 얻게 된다.

- 분단상황에 따르는 리스크 프리미엄 때문에 필요 이상으로 지불하던 국제금융시장에서의 이자 부담이 감소하는 이득을 얻는다.

- 한국에 대한 평가절하(Korea Discount) 현상이 사라진다. 증시도 적절한 평가를 받게 된다.

비경제적인 면에서 보면,

- 이산가족들이 통한을 풀고 분단의 아픔을 해소한다.

- 언제 일어날지 모르는 남북 간 크고 작은 무력 충돌이 사라진다. 이에 따른 인명살상의 불행과 손실의 원인이 제거된다.

- 남북 간 군사적 대치 여파로 일상생활 속에 내재해 있는 긴장감으로부터 해방되어 진정한 평화 속에서 생활을 영위해 나갈 수 있다.

- 북측주민 입장에서는 대다수가 인권이란 단지 사치스런 허상이었던 상태로부터, 자유의 인간세계로 진입하게 된다.

- 과거에 국방·안보 문제 때문에 수시로 나타나던 일상생활 속에서의 불필요한 제약으로부터 자유로워질 수 있다.

- 분단 상태에 따르는 국가 위상의 약세로부터 탈피하여 드디어 강한 국가의 면모를 갖추게 되며, 국민들은 해외에서 당당한 국가의 시민에 합당한 위상을 얻게 된다.

## 2) 통일 직후 10년의 구간

통일 직후 남북 간 소득격차 감축을 위하여, 당시 남측 GDP 대비 약 7%에 해당하는 막대한 자금투입이 매년 북측 지역에 이루어짐에 따라 북측 생산능력이 실로 괄목할만한 성장세를 보이게 된다. 이 과정에서 북측의 1인당 소득은 남측의 절반까지 따라온다. 이 과정에서 대부분의 실물자본을 남측에서 생산·공급함에 따라 발생하는 남측 지역의 막대한 경제적 이득을 중심으로, 통일 후 10년 동안 남측에서는 통일비용 조달에 따라 형성되는 "유효수요(Effective Demand)"를 바탕으로, 매년 10.22%에 이르는 눈부신 경제 성장을 만든다. 이것만으로도 실로 대박이다.

이에 따르는 이득, 편익, 수익 종류를 구체적으로 나열해 본다면,,

- 북측 생산을 위한 실물자본 형성 과정에서 "바이 코리안" 정책에 따라 10년 동안 매년 남측 GDP의 7%에 육박하는 자본재를 대부분 남측에서 생산·공급할 수 있는 길로 가자. 이에 따르는 생산효과, 승수효과 그리고 산업연관효과 등은 실로 막대한 파급효과를 가져올 것이며, 우리 경제는 매년 10.22%에 이르는 경제성장으로 지난날 박정희 대통령 시절의 경제적 도약 이래 다시 한 번 그를 능가하는 제2의 눈부신 경제 도약을 이루어 낸다.

- 남측
  매년 10.22%의 경제성장 :
  1. 바이코리안 정책　　　　GDP 대비　5.6%
  2. 추세성장　　　　　　　　　　　　2.7%
  3. 병역 의무 해지로 인한 생산성 증가　1.92%
  <u>* 기타 (북의 풍부한 지하자원, 대륙으로의 통로,
     규모의 경제 등, 별도 추가분 존재)</u>
  　　　　　　　계 10.22%
- 북측
  통일 10년 후,
  남측 1인당 소득 U$83,094의 절반 이상 목표 달성
  김정은 산하 북측지역 1인당소득 40배 이상 증가.

- 통일이 되어 대륙으로 향하는 철도, 도로, 항만, 항로, 통신 등이 제한 없이 연결되면 통일한국은 해양과 대륙의 가운데 위치한 지리적 환경이 오히려 이점으로 변환되어 대륙 해양 양방향으로 직접 진출이 가능하다. 물류비용, 교통비용의 절감과 해외시장 확대 기회를 얻게 된다. 그리하여 통일한국은 물류산업, 금융산업 등 여러 분야에서 동아시아권의 중심지로 떠오를 수 있게 된다. 역사적으로는 해양과 대륙 사이에 위치한 입지여건 때문에 많은 불이익을 당하게 되어 피해가 컸지만, 이제는 반대로 이것이 오히려 유리한 강점으로 변하여 대륙과 해양, 양 방향으로 뻗어 나가는 전화위복의 시대를 맞게 된다.

- 바이 코리안 정책에 따르는 자본재 생산을 위한 인력과 제반 제도 단일화 과정에 소요되는 인력에 대한 수요로 말미암아, 인력이 모자라는 국면이 나타나 실업은 자취를 감추고 일자리가 넘치는 상태로 변환된다.

- 분단된 상태에서 북측의 열악한 사회간접자본 시설로는 별 소용가치가 없던 북측의 비교적 풍부한 지하자원이 그 진가를 발휘할 수 있게 된다.

- 러시아로부터 오는 직통 천연가스관 설치를 통하여 저렴한 에너지를 확보한다.

- 경제규모의 확대 과정에서 규모의 경제에 따르는 이득도 얻는다.

- 통일 이후에는 통일한국의 국민이 된 북측 주민들이 전체 국민의 1/3이다. 이들은 인간 이하의 참혹한 생활로부터 단숨에 일반 선진 국가 정도를 넘어 세계 최선두대열의 당당한 강국 국민이 되는 이득과 위상을 갖춘다.

- 통일을 계기로 소유권과 사용권 분리 형태의 토지공개념제도 시행을 북측 지역으로부터 시작하여 전국적으로 확대시켜 나간다. 부동산 투기라는 불치병으로부터 벗어나 시장실패의 한 가지 고질적인 원인을 제거하며 효율적인 시장경제의 틀

을 갖춘다. 이에 따라 경제발전과 함께 합리적이며 공평한 소득분배 틀을 얻게 된다. 이로써 시장경제 체제의 국가들 가운데에서도 모범이 되는 자랑스러운 국가가 된다.

## 3) 통일 10년 이후

통일이 이룩되어 남북 간 소득조정 기간을 거치면서 분단국가로부터 명실 공히 통일국가로 전환됨에 따라 부수하게 되는 유·무형의 많은 이득을 얻는다. 즉, 남북 소득조정 기간에는 물론, 통일 마무리 이후 안정적인 국가안보의 토대 위에서 가능하게 되는 평화 속에서의 행복한 생활, 그리고 통일에 수반하는 이득, 이익, 이윤 생성, 규모의 경제, 인구·국토·지하자원 등 생산요소 증가, 기술발전 등이 따른다. 제반 분야에 있어서 편리함, 편의성, 그리고 국가 전반적 차원에서의 경제성장·발전, 자본 축적, 국력 신장, 국제관계에 있어서의 경쟁력 제고 등이 따라 온다. 한 마디로 평화 속의 번영을 맞이한다.

이러한 이득, 편익, 수익의 종류를 구체적으로 살펴보면,

- 소득조정 기간이 끝난 후에도 북측 지역에서는 그동안 자본 축적 과정의 연장선상에서 시장 원리에 따라 사실상 계속 자본재 수요가 이어지게 된다. 따라서 남측 경제 활황을 추세에 따라 지속시켜 주는 역할을 할 것이다.

- 남북 간 생산자원 보완성을 실현시키면서 생산량을 증가시킬 수 있게 된다.

- 북측 지역 자본 조성에 따라 북측 생산·소비 수준이 궤도에 오르기 시작하면 통일로 인하여 확대된 시장 규모를 배경으로 규모의 경제로 이어질 수 있는 분야가 증가하게 된다. 상대적으로 저렴한 가격으로 더 많은 수량을 생산할 수 있다. 그에 따라 국제경쟁력도 더욱 커지게 된다.

- 북측 지역에서는 뒤늦게 개발되게 된 상황을 전화위복의 기회로 삼아 거의 백지에 그림을 그리는 격으로 곧바로 선진경제 구조로 직접 진입하는 계획적인 경제 발전을 기할 수 있고, 이러한 연관 가운데 전국적으로 각 분야에 걸쳐 지역에 따라 조화롭고 바람직한 경제벨트와 생활 양태를 형성할 수 있다.

- 농업 분야에 나타나는 한 가지 측면은 황해도, 평안도 등 북측 지역에서 화학비료에 의하여 오염되지 않은 토질을 그대로 살려서 순환 유기농법체계를 도입한다면 생산자 입장에서는 고부가가치를 창출할 수가 있어서 좋다. 인구 밀집 지역에 사는 사람들은 오염되지 않은 질 높은 농산물을 소비할 수 있게 됨에 따라 식생활 향상과 건강에 큰 이득을 얻게 될 것이다.

- 남측 지역의 경제 성장 추세는 그대로 유지하면서 북측 지

역 산출량 증가를 통하여 규모가 커진 경제력을 형성한다. 이를 바탕으로 제대로 된 영토와 상당한 규모의 인구 확보로 명실상부한 부강한 나라의 모습을 갖춘다.

- 통일 후 남북 지역 간 경제적 분리관리 후 전국적으로 혼합단계로 진입하게 되면, 같은 기간 동안 병행하여 이루어 내게 될 제 분야에 있어서의 체계 단일화와 함께 명실 공히 통일국가로의 면모를 갖추게 된다.

- 통일 후 상당 기간이 경과하면 통일한국은 동북아 지역에서 아무도 쉽게 여길 수 없는 강국이 된다. 국제외교적인 차원에서도 당당한 국가의 위상이 된다.

- 통일한국은 이후 대대로 진정한 독립국가로서의 훌륭한 위상과 민족자존의 영광을 갖게 된다. 통일은 사실상 우리 선조들의 피나는 독립운동을 마무리하는 작업이라는 의미가 있다.

이 밖에 일일이 다 열거할 수 없을 만큼 다양한 통일 이득·편익들을 추가한다면, 통일로부터 얻는 이득, 편익, 수익의 크기는 그만큼 통일비용보다 당연히 훨씬 더 큰 격차를 나타내게 된다.

통일대박 완성의 길  08

# 남한 국민들 통일 관련 현실적 직접 관심사 2가지 중요한 문제

우리는 근래 현실적으로 특히 다음의 두 가지 중요한 사항들에 관심을 갖게 된다.

## I. 통일세

우선 확실히 밝혀두고자 하는 것은 통일비용에 따르는 통일세를 겁낼 필요가 없다는 것이다. 국민이 직접 납부하는 형태의 통일세는 남측 개인 소득의 2% 통일세로 가능하게 된다. 이 통일세는 본래 1% 수준으로도 되었던 것인데 문재인난을 거치며 국채가 600조에서 졸지에 1,000조를 넘어가게 된 후유증이다. 그렇다 하여도 통일 후 10년 동안이라는 정해진 기간에 한하여 개인 총소득의 2% 세금으로 모든 것이 마무리 된다. 그 밖의 통일비용은 다른 방법으로 조달되며 통일관련으로 더 이상 직접 부담

할 직접세금은 없다. 그 기간에 남측 경제는 10.22%라는 경이적인 경제성장률이 우리를 맞이할 준비를 하고 있다.

## II. 일자리

지금 남한은 높은 실업률 때문에 골머리를 앓고 있다. 특히 청년의 경우에 더욱 그러하다. 그런데 설상가상으로 북한으로부터 값싼 노동력이 한꺼번에 밀어 닥치면 우리는 어떻게 해야 된단 말이냐고 크게 걱정할지 모른다. 그러나 그것은 실상을 제대로 파악하지 못한 데서 나온 완전히 빗나간 기우에 불과하다.

우선 통일 후 10년 동안은 남북 지역을 경제분야에 한하여 분리 경영관리하는 것이 필수다. 그리고 통일이 되면 오히려 일자리가 넘쳐난다. 통일 후 10년 동안 북측의 소득을 끌어 올리는 과정에서 북측 소요 실물자본재 생산 때문에 남한의 생산량이 크게 증가해야 한다. 또 제반 체제 단일화 과정에서 남측으로부터 북에 필요한 많은 인력 수요가 나타난다. 그에 따라 실업은 자취를 감추고 완전고용 상태보다 오히려 더 높은 그 이상의 상황에 이르게 되어 있다.

또한 통일 전에 있어서도 상황을 보아가며 북측의 사회 인프라 건설에 서서히 착수하기로 한다면, 북의 민심으로 다가가면서, 북에 필요한 모든 하드웨어를 남한에서 생산 공급하는 데 따라 남한 국내 경기가 활성화 길로 접어든다.

그렇다면 어떻게 통일대박 이라는 엄청난 결과를 실제로 얻을 수 있겠는가?

그 내용은 통일비용 내지 통일자금과 통일이득을 함께 종합, 분석해 보는 데서 확인하여 볼 수 있다.

통일대박 완성의 길  09

# 이 책 내용 외에 또 다른 통일대박이 존재하는가?

아니다. 위의 통일대박 기본조건과 네 가지 필수조건이 결여된 상태로는 통일대박이란 존재할 수가 없게 되어 있다.

통일대박이란 말이 출현하니까 여러 곳에서 관심을 나타내었다. 그렇지만 이 지구상 어느 한 곳에서도 또 다른 통일대박으로 가는 길을 확실하게 제시할 수 있는 데가 존재하지 않는다.

지난날 통일준비위원회에서 발표한 논문을 보면, "북한이 시장경제체제를 택한다면,"이라는 전제 하에서 2050년 까지 매년 4%대의 경제 성장을 해서 큰 수확을 얻는다고 한다. 이런 전제하의 예측이 무슨 의미가 있는가? 북한은 체제유지가 최우선이기 때문에 시장경제체제를 택할 수가 없는 집단이라는 것을 그냥 무턱대고 도외시해도 되는가?

한편 금융위원회에서는 통일세가 한 푼도 필요 없다고 한 적이 있다. 금융계와 민간투자를 통하여 자금을 조성하면 통일 20년 후에는 북측 지역 1인당 소득을 1만 달러까지 끌어 올릴 수 있다는 구상이다. 그런데 같은 기간 동안 따져보니 남측은 추세성장으로만 보더라도 5만 달러에 이른다.

통일된 한 국가 안에서 지역간 평균소득이 5대 1이 되고서도 안정된 사회로 남을 수 있겠는가?

또한 통일대박론의 구도 속에서 통일 10년 후 통일한국의 1인당 GDP가 전 세계에서 제2위로 올라서게 된다는 결과를 발표하니, "아! 옛날에 골드만삭스에서 그런 얘기 했는데?" 라는 반응이다. 골드만삭스는 수년 전 40년 후를 내다보면서 북한의 지하자원, 우수한 노동력 등을 바탕으로 막연한 예측을 한 데 불과하다. 무슨 큰 의미가 있는가?

어느 유명 강사는 우리가 50년 후에는 세계에서 제1위로 올라서는 통일대박 얻게 된다고 말하면서 열화와 같은 만장의 박수를 받는다. 별 근거도 없이 말로만 반세기 앞을 내다보는 경제예측이 도대체 무슨 의미가 있는가?

통일대박이라고 하니까 짐 로저스를 떠 올리는 사람들도 있다. 그는 외국 투자자 입장에서 북한의 풍부한 지하자원과 우수한 노동력 정도를 염두에 두고 한 말에 불과하다. 그 정도로는 개별 투자가 다소 이익을 볼 수는 있어도, 국가 차원에서 통일대박은 나타나지를 않는다.

이 모든 것들이 거시경제의 종합적 프레임 속에서 현실적인 유효수요를 바탕으로 분석하는 이 책의 통일대박 구도와는 모두 다만 천양지차일 뿐이다.

통일대박 완성의 길 **10**

# 남남갈등 - 우파와 좌파

종래 남남갈등의 문제는 일반적으로 보수와 진보의 문제로 접근하여 오던 모습을 보였다. 그러나 문재인난의 시대를 거치면서 이런 시각은 더 이상 유용하지 않게 되었다.

이제는 우파와 좌파 혹은 우익과 좌익으로 분류하여 보는 것이 더 실용성이 있게 되었다.

우파를 먼저 확연하게 구분하여 보고, 여타 다른 경우를 모두 한데 묶어 좌파의 영역으로 분류하여 보기로 한다.

우파는 자유민주, 시장경제, 법치를 기반으로 한다. 여타는 우선 편의상 모두 좌파로 묶어 취급하는 것이 효율적이겠다.

대한민국 현실에서 김일성 주체사상, 고려연방제, 낮은 단계 연방제, 중국공산당 체제, 러시아 독재체제, 공산주의, 공산사회주의, 사회민주주의, 사노맹, 사회주의, 북구라파식 사회주의 등

우파 아닌 모든 구도를 편의상 좌파로 묶어 보기로 한다.

왜냐하면 통일대박 완성을 위한 근저 필수 조건이 자유민주, 시장경제, 법치이기 때문에 이에 이를 편의상 우파로 규정짓고, 여타 입장을 당분간 잡탕 좌파로 분류하여 볼 수 있는 것이다.

통일을 이루고 그 이듬해 회계연도부터 10년 동안 통일대박 완성의 시기를 거치며 세계적으로 1인당 소득이 전 세계에서 미국 바로 다음으로 제2위국 달성이 이루어지면 그 후에는 홍익인간 세계를 구체화 시켜 나가며 다소 사회주의 일면을 포함시키게 될 수도 있다.

그러나 그 이전에 좌파 입장이 강조되면 통일대박 세계 완성 자체가 불가능하게 되기 첩경이라는 점을 염두에 두어야 한다.

통일대박 완성의 길 **11**

# 통일 후 북한지역개발 매스터플랜 작성

또한 무엇보다 북한 지역 개발을 위한 매스터플랜을 구체적으로 상세하게 작성하는 것이 현실적으로 선행 되는 것이 긴요하다. 그래야 외형적 통일 전에 북한 인프라에 투자를 시작하거나, 통일 후에 북측 지역에 필요한 사회 인프라를 건설하거나, 이 지침서에 따를 때만 조화로운 개발과 전국을 망라하는 유기적 관계를 형성해 나갈 수 있다.

단순히 각 기업이나 개인의 이해관계에 따라 북측 지역을 난개발로 만들어 놓는 어처구니없는 불행한 사태가 벌어진다면 다시는 돌이킬 수 없는 아주 큰 낭패가 되고 만다.

북측 지역 발전 매스터 플랜에는 각 지역의 특수성과 지하자원 등 천연 자원들의 지역배경과 함께 기술수준 복합 용이도 등을 충분히 감안 하면서 세계적으로 미래지향적인 성장 설계도를 창출하여 내야 할 줄 안다.

통일대박 완성의 길 12

# 북조선 동포들에게 당부함

1. 2012년 "통일은 대박이다" 책이 출시되자 북측 지역에서 이에 접한 동포들의 즉각적인 반응은 남조선 사람들은 모두 경제적 동물이냐 통일은 민족의 염원이지 무슨 대박이냐는 힐책이었다. 통일대박은 남측에서 북측 주민들을 이용하여 남측이 이득을 보기 위한 구도가 아니냐는 생각이었으리라 본다. 서양 투자가들이 북한의 풍부한 자원과 저렴한 노동력에 눈독을 들이고 있는 것을 잘 알고 있기 때문이라고 생각한다. 그러나 통일대박은 남북이 다함께 힘을 합쳐 다 함께 승리하는 최선의 구도이다. 누가 누구를 이용해 먹으려는 얄팍한 의도가 아니다. 외국인들이야 북한에 와서 단물 빼먹고 가버리면 그만이다. 우리 목표는 누가 누구를 이용하는 것이 아니라 각자 최선을 다하면서 다 함께 잘 사는 길로 가려는 것이다. 오해 없기를 바란다.

사실상 통일대박 구도에는 풍부한 지하자원이나 저렴한 노동력 활용이란 말은 북측 경제개발 계획경제 초기 부분에는 나오지도 않는다. 그것은 경제가 성장하면서 지하자원을 활용할 수 있게 될 때의 이야기일 뿐 통일 초기에는 아무 도움도 되지 않는 부분이다.

그리고 외국 자본가들의 입장에서는 저렴한 노동력을 이용해서 이윤을 얻어 가면 그것으로 끝이지만 우리 입장에서는 무엇을 이용하고 어디로 갈 사람들이 아니지 않은가?

2. 북조선 동포들은 통일시 단번에 큰 욕심내지 말고 단계적으로 착실하게 점차적으로 체계적으로 다져나가 주어야 할 일이다. 통일 후 10년 동안 북측 주민들은 남조선 측의 협력에 부응하여 생산과 소득의 급속한 증대를 위하여 경제발전의 길을 스스로 열심히 열어 나가야 한다.

3. 주어진 북한 체제에 살아남기 위하여 지난날 못된 짓을 하지 않을 수 없었다면 정상적인 사회에서의 범죄와는 성격이 다를 수도 있다. 따라서 통일 후 지난 체제시의 제반 처사에 관하여 처벌 위주로만 처리하는 것은 합리적이지 않을 수도 있다. 그러나 기록은 남기고 있다는 점을 기억하고 이제부터 통일시 까지라도 동족에게 더 이상 가혹한 무리수는 서로 범

하지 않기를 바란다.


4. 이제 앞으로 통일대박 세상을 알리는 면모들이 다양한 형대로 지속적으로 파고 들어갈 것이다. 서두를 필요 없이 서서히 숙지하여 가고 있으면서 때가 무르익었다라고 모두 느낄 때 북측 모든 동포들이 목숨을 걸고 함께 일어나 김정은 공산 주민수탈 정권을 뒤엎어 버리는 목란혁명의 횃불을 모두 함께 드높이 올려 주기 바란다.


5. 남한 사람들 가운데 혹시 못된 버릇 버리지 못하고 북측 지역에 재빨리 들어가서 부동산 투기할 생각은 처음부터 접어주기 바란다. 그러면 남북이 다 함께 망하는 길이다. 행정부에서는 처음부터 그러한 투기행위를 원천적으로 방지하면서 위반시 재기하지 못할 가혹한 페널티를 주어야 할 줄 안다. 북측주민들도 여기에 편승했다가는 다 같이 망한다는 것을 알고 있어야 한다.

## ✲ 부록2: 북조선 동포들! 우리 모두 다 함께 통일을 향하여 같이 나아갑시다!

통일은 우리의 염원이고, 우리의 숙원입니다.
이제는 통일을 우리 손으로 만들어 낼 때가 왔습니다.
우리 손으로 만들어 내야 합니다.
우리 말고 누가 우리들을 위하여 우리 대신 통일을
가져다 줄 사람도 없습니다.
통일은 결국 총칼이나 핵무기로도 안 되고,
정치 권력자들끼리의 정치협상으로도 안 됩니다.
외부로부터의 압력 봉쇄만으로도 한계가 있습니다.

우리 남북조선의 7천 5백만이 넘는 동포들 그리고 모든 해외 동포들이 모두 "통일은 대박이다"라는 사실을 이해하고, 믿으며 그 희망을 가지고 그 길을 따라 함께 노력하여 갈 때만 통일이 가능합니다.

통일을 만들어 내어 우리 북남 조선 인민들은 모두 평화 속에서 번영을 누리며 함께 사람답게 그리고 격조 있는 인생을 살아가며, 대대손손 우리 후손들에게 자랑스러운 훌륭한 통일된 나라를 물려 줄 수 있어야 합니다.

통일은 진짜 대박 입니다. 대박이란 말은 엄청나게 좋다는 말 입니다. 통일은 남조선, 북조선, 해외동포들 우리겨레 모두에게 진짜 대박 입니다.

남조선 주민들의 1인당 소득이 예를 들어 3만 4천 딸라 정도 시기에 통일이 된다면(현재는 북조선은 겨우 1천 딸라 약간 상회 할 정도 수준), 그로부터 10년 후에 북조선 인민 1인당 평균 소득 수준은, 놀라지 마세요, 4만 딸라를 넘어 섭니다. 자그마치 지금의 40배나 됩니다.

실제로 대박입니다 ! 통일 되는 시점에서 남한의 1인당 소득 수준보다도 훨씬 높은 상태로 갑니다. 남북 주민들은 그 후 완전한 자유 속에서, 사람이 사람답게 그리고 격조 있게 잘 살게 됩니다. 세상 어디에도, 어느 선진국에도 부럽지 않은 수준으로 올라서게 됩니다. 김일성 주석 때부터 3대를 내려오며 약속해 온 "이밥에 고깃국" 이란 그냥 장난스런 우스갯소리에 불과할 뿐입니다. 또 더 중요한 것은 필요 없이 상부나 어느 누구의 눈치도 더 이상 보지 않고 살아도 된다는 것입니다.

통일은 대박이라고 하니까, 혹시 남조선 사람들은 외국 투자가 짐 로저스 처럼 북조선 인민들의 값싼 노동력이나 풍부한 지하자원을 이용해 먹으려는 흑심이 아닌가 하고 의심부터 할지도 모릅니다. 그러나 그것이 절대로 아닙니다.

통일이 되면 북조선 경제발전에 필요한 모든 실물자본은 남조선에서 모두 생산하고 무상 공급해 주는 과정에서 남조선은 남조선대로 그 유효수요를 바탕으로 엄청난 경제성장을 합니다.

북에서는 북에서 대로 그 실물자본을 받아 가지고 열심히 일해서 그 성과에 따라 눈부신 경제발전을 하는 것입니다. 누가 누구 것을 뺏어먹는 형태가 절대로 아닙니다. 서로 협력하여 완전한 하나가 되는 것입니다.

여기에서 대박이란 말은 일심전력 열심히 노력한 대가로 얻게 되는 상상을 초월하는 엄청나게 큰 이득이라는 의미로 만들어 쓴 말입니다.

통일 후 10년간은 이렇게 남북이 따로따로 눈부신 경제발전을 이루게 되는 것입니다. 남에서는 남에서 대로 여기에 필요한 자금을 마련할 방도를 이미 따로 준비해 놓고 있습니다. 걱정 마시고 남측에서 세워 놓은 계획대로 합심해서 함께 밀고 나가시면 됩니다. 우리에게는 가슴 벅찬 새로운 희망과 꿈이 있습니다. 포기하거나 희망의 끈을 놓는 일이 있어서는 절대로 안 됩니다. 우리 함께 모두 최후의 승자가 되는 그날까지 꾸준히 함께 건투하여 나가시기를 기원합니다.

끝으로 한 가지 꼭 덧붙일 말씀이 있습니다. 지금 북에 사시는 인민들은 모두, 하나 빠짐없이 우리 겨레, 우리 동포라는 점입니다. 모두가 우리 혈육입니다. 지난날 이념과 사상의 굴레 속에서 어쩔 수 없이 저지르게 되었던 많은 잘 못이 있습니다. 이제 이 것을 모두 덮고 넘어가야 합니다. 보복은 보복을 낳고, 원수는 원수를 낳을 뿐입니다. 우리는 이쯤에서 모든 것을 끝내야 합니다. 김씨 왕조 일가는 망명이 가능하도록 길을 열어주고, 나머지는 누구나 국외 탈출 필요 없이 함께 잘 살아 가도록 되어야 합니다. 그러나 지난 날 잘못은 모두 기록으로 남겨 후세에 귀감이 되도록 해야 합니다. 이제 다시 특히 강조하거니와

〈용서하라! 그러나 잊지는 말라!〉

우리는 모두 이 길을 따라 통일의 후유증을 최소화 하면서 상생의 길로 들어서야 합니다. 남조선에서는 이미 북한 인권 관련 기록보존소를 설치해 놓았습니다. 통일부에서 자료를 수집하고 법무부로 이관하여 보존합니다. 이 부분을 유념하고, 지금부터라도 북조선 내부에서 서로 지나치게 못살게 구는 일은 줄여나가도록 해 주시기 바랍니다. 통일 후 그 만큼 서로 더 마음이 편해질 것입니다.

북 동포들이 사전에 특히 반드시 알아 두어야 혼선이 적게 될 부분이 있습니다.

그것은 통일이 되어도 통일한국 전국 왕래는 누구의 허락 필요 없이 자유로 할 수 있습니다. 그러나 일자리는 10년의 통일대

박 완성기간 내 계속하여 북측지역에서 직장을 갖는 것입니다. 그리고 그 기간 동안 노동조합 결성은 허용되지 않습니다. 이 모든 것이 최소의 비용으로 최단 시간 내에 통일대박 목표를 완성시켜 내기 위한 것입니다. 북측주민들을 차별화하기 위한 것이 아닙니다. 일자리는 모든 북측 주민들에게 정부가 제공합니다. 모르는 생소한 지역에 가서 일자리 찾느라고 헤매고 다닐 필요도 없습니다.

물론 봉급이 나오기 전에는 당분간 생필품을 정부가 무상 제공합니다. 걱정하실 필요도 없고 누구 눈치 볼 필요도 없습니다. 누구에게 뇌물을 줄 필요도 없습니다. 필요한 기간 필요한 만큼 통일정부가 모두 제공하여 드립니다.

통일 10년후 통일대박 완성기간을 마치면 모든 제한이 모두 다 없어지고 모든 이에게 완전한 자유의 세상이 됩니다.

이러한 통일대박 세상을 만들어 내기 위하여는 통일이 먼저 이루어져야 합니다. 이것은 바로 북측동포들이 스스로 만들어 내야 할 일입니다. 김정은은 죽어도 자기가 스스로 왕위를 내려놓을 사람이 아닙니다. 전쟁을 통해서 해결하려면 몇백만명이 죽어야 할지 혹은 천만명 단위 희생이 있어야 할지 아무도 예상할 수 없습니다. 김정은이 망명하도록 유도하여 주시는 것이 최선의 길입니다. 만일 끝까지 거부하면 제거하는 수밖에 없을 것입니다. 그

한 사람 임금놀이 하는데 2천5백만이 계속 노예 노릇하며 굶주려 살아야 할 필요가 없습니다. 지난 80년 세월 기와집에 소고기, 이밥 약속이 지켜지던가요? 이제는 더 이상 그런 허황된 약속 믿지 마시고 바로 집어 던지세요. 이제 모두 함께 새 세상을 만나러 나가야 합니다. 세계가 부러워할 K-드림 세상입니다. 때가 무르익으면 기운을 내시고 결행하여 주시기 바랍니다!

통일대박 완성의 길 **13**

# 사실은…

## 1) 북 핵 문제

정부 입장에서 북 정권에 대고 핵무기 가지고 장난하지 말고 이제 그만 내려놓으라는 제안을 할 수는 있다.

그러나 국제적인 압박 내지 봉쇄로 북 정권을 굴복시킬 수 있을까? 과연 그럴까?

북 정권이 의지할 것이라고는 오직 핵무기 하나 밖에 없는 상황에서, 합리적인 판단에 따라 어떤 대가를 받고 핵 보유를 포기할 수 있다고 보는가? 무엇이 북 체제의 안전을 보장해줄 수 있는가? 조약에서 서명? 국제사회에서 국가간 약속? 경위야 여하간 경수로 발전소 건설해준다고 했다가 유야무야된 것을 보면? 한 때 휴전협정 더 이상 유효하지 않다고 일방적으로 선언한 북 정권인데, 다른 상대 국가들의 조약은 철석같이 믿을 것이라고 보는가?

이대로 가면 김정은은 결국 핵무기와 미사일 끌어안고 뒹굴다 끝날 수밖에 없는 운명으로 보인다.

### 2) 평화공존

6.15 선언과 10.4 선언을 강조하는 인사들은 평화통일에서 "평화"에 방점을 두는 것을 흔히 보게 된다. 그러나 평화공존 백 년이 간다고 자연스레 통일로 연결되는 것은 아니라는 엄연한 현실을 직시할 필요가 있다.

기본적으로 평화란 부르짖는다고 오는 것이 아니다. 진정으로 평화를 원하면 힘을 갖추어야 한다. 평화를 선택할 수 있는 것은 우선 힘을 갖추고 난 다음의 이야기이다.

더욱이 평화조약을 염두에 두는 인사들은 그 다음 순서도 생각해 두기 바란다. 북 정권이 원하는 평화조약이 체결되면, 곧이어 따라 나오는 것은 "미군 철수"다. 평화 조약이 이루어진 마당에 미군 주둔은 논리가 맞지 않기 때문이다.

통일 한국의 입장에서는 일단 최소한 통일 10년 후 까지는 현실적으로 통일 국가 안정과 비용절감을 위하여 그리고 국토방위를 위하여 미군 주둔이 반드시 필요하다는 점을 결코 놓쳐서는 안 된다. 통일대박의 완성을 위하여 반드시 필요하고 중요한 필수 요소 중 하나이다. 그렇다면 미군 계속 주둔은 미국의 일방적인 희생이냐 하면 그렇지 않다. 미국은 무엇보다 대 중국 견제 차원에서 한국 주둔이 반드시 필요하기 때문이다. 미국의 입장에서는 대한 미군 주둔이 오히려 경제적이란 점을 모르고 있지 않을 것이다. 미국의 한국 주둔이 미국의 한국에 대한 일방적인 희생이 아니라는 점도 미국은 내면적으로 확실하게 인정하고 있을 줄 안다.

문재인 정권시 문재인은 세계를 돌아다니며 평화조약을 설득하고 다녔다. 김정은을 자기 종주국 수장으로 여기며 그를 대변하고 다닌 듯하다. 어이없는 짓으로 외국에서 문을 어떻게 여겼겠는지 창피한 노릇일 뿐이다.

### 3) 반공, 안보

남북 분단 상황에서 반공 안보는 필수 중의 필수이다. 이것이 무너지면 우리가 지향하는 자유민주와 시장경제는 온데간데없이 사라지고 말 것이기 때문이다. 그런데 많은 인사들이 반공과 안보에 힘겹게 치중하다 보니 최종 목표를 상실한 듯한 모습을 보이기도 한다. 그렇게 해서는 안 된다. 반공 안보를 잘하고 있으면 언제인가는 통일이 오겠지 라고 막연한 기대를 한다면 이는 큰 착각이 아닐 수 없다. 반공 안보를 넘어서서 북측 주민들의 마음을 타고 들어가 통일까지 일구어 내는 종착지점까지 부단한 노력을 지속해야 한다.

우리의 목표는 통일이다. 영구분단이 아니다. 영구분단으로는 우리겨레가 종당에는 지리멸렬하여 무너질 수밖에 없다.

### 4) 흡수통일 하면 망한다?

**잘못된 말이다. 물론 준비 없는 통일은 성공하지 못한다.**

사실 독일 방식으로 흡수통일하면 우리는 망한다. 우리는 그런 식 통일은 감당조차도 못한다. 그러나 우리는 우리의 성공적인 길이 있다. 독일은 꿈도 꾸어 보지 못한 우리만의 구도를 우리는 이미 준비해 놓고 있다. 통일대박 성취 구도이다.

북 정권이 언제 무너져 내려도 우리가 바로 통일대박 구도의 내용대로 남측에서 대비를 잘 하고 있으면, 통일대박을 성공적으로 이끌어낼 수 있다. 어떠한 경로를 통하던 통일이 쉽지 않은 것이 문제일 뿐, 통일만 되면 우리는 남측 주도 경제 건설 후 완전 통합이 가장 효율적이고 낭비가 적으며 가장 바람직하다. 흡수 통일 자체에 문제가 있는 것이 아니다. 오히려 가능하기만 하다면 흡수통일이 가장 바람직하다. 그 경우를 대비하는 철저한 통일대박 준비 여부가 중요하다.

### 5) 갑작스런 통일로는 대박이 아니라 쪽박 찬다.

아니다. 그렇지 않다.

어느 시점에 통일이 되더라도 우리 온 국민이 통일 시점에 무엇을 어떻게 해야 할지 위의 네 가지 통일대박 필수조건을 숙지하고 있는 상황이라면, 그대로 대박으로 연결시켜 나갈 수 있다. 그래서 우리 국민들의 평상시 통일에 대한 실사구시적 통일대박 인식과 공감대가 그만큼 중요하다. 어느 상황에서라도 통일이 되는 즉시 준비된 위의 네 가지 구도로 돌입하자. 그러면 성공적 통일대박을 만들어 낼 수 있다.

갑작스런 통일로는 10년 동안 남북 분리관리가 어려울 것이라는 시각도 있지만 이 역시 마찬가지다. 찾는 자에게는 반드시 길이 있다. 우리 모두 위의 네 가지 필수 조건 유념 여부와 정신적 대비 정도에 달린 것이다. 더욱이 통일대박특별법(구상)까지 위에 제시되어 있으니 탄탄대로를 따라 성공적 통일로 갈 수 있게 되어 있다.

### 6) 중국 등 주변 강대국

"통일은 중국 등 주변국의 이해에 달려있다. 우리 힘으로 될 일이 아니다."

이렇게 처음부터 주눅이 든 형태로는 통일을 만들어 낼 수 없다.

독일의 경우에는 점령 4강이 모두 대놓고 통일을 반대하는 상황으로부터 출발해서도 통일을 이끌어냈다. 우리의 경우에는 최소한 겉으로 드러내놓고 반대하는 데는 없지 않은가?
중국 역시 한국 주도 통일을 달가워할 리는 없지만, 근래 중국도 현실적인 실리 차원에서 실사구시적인 모습으로 많이 바뀌어 가고 있는 양상이다. 결국 주체인 우리에게 달린 일이다. 처음부터 포기하면 아무 것도 안 된다.
다만 통일 전이나 후나 중국을 의식해서 미군이 북상하여 주둔하는 일은 절대로 없다는 점을 기회 있을 때마다 중국에게 넌지시 인식시켜 놓을 필요는 있다.

일본은 한반도가 분단된 상태로 남아 있어야 다루기 편하다고 쉽게 생각할 수도 있다. 그러나 세계적인 시각으로 시야를 넓히면 한반도가 통일되어 분명하게 안정된 자유민주 국가로 슬기롭게 자리 잡아 나간다면 한일간 상호 평화적 교류에 따르는 이득이 훨씬 크게 될 것이다.

## 7) 탈북인 문제

탈북인에 대한 우리들의 올바른 태도는 그들이 잘 정착하여 이 사회에 적응하면서 잘 살 수 있도록 협력하여 주는 것이 가장 중요하다. 통일을 위하여 그들을 직접 활용할 생각을 하는 것은 그리 좋지 않다. 그들에게 과도한 기대를 거는 것도 바람직하지 않다. 그들이 정착하여 안정되게 잘 살고 있는 모습이 북에 남은 일가친척들에게 알려지게 되는 것이 무엇보다 중요하다.

물론 통일 후 그들만이 할 수 있는 여러 가지 역할이 있다. 그러나 이 부분을 사전에 침소봉대 하여 둘 필요는 없다.

## 8) 김정은 핵 경제 병진노선의 허와 실

김정은의 속셈으로는 정권을 지키기 위하여 우선 핵 보유가 절대적으로 필요하다고 본다. 그래야 비로소 경제건설이 가능해진다고 말한다.

한편 서방세계의 관점에서는 북한이 핵만으로는 그 체제를 지킬 수 없고, 개혁 개방으로 나와야 한다고 한다.

그러나 위의 두 시각은 모두 틀렸다.

김의 생각대로 핵 보유가 인정이 되고 그 바탕 위에 경제건설을 할 수 있게 되었다고 치자. 그렇다 하여도 북한이 가지고 있는 정치경제 체제로는 궁핍을 면할 수 없고 백성들 먹여 살리지도 못한다. 그 체제를 가지고 그 나름의 개혁 개방의 노력을 한다고 해 보았자 몇 발짝 나가지도 못 하게 되어 있다. 남북간의 소득 격차는 점점 더 벌어질 수밖에 없고, 결국 북 정권은 그 존재 이유를 찾을 수 없게 된다.

한편 서방세계의 관점이 틀린 것은 북한이 개혁 개방을 할 수 없다는 사실을 눈감고 있기 때문이다. 북의 핵 보유가 불편하니까 그냥 해 보는 소리에 불과하다.

그렇다면 북의 운명은? 결과적으로 조만간 북 정권 소멸 밖에는 다른 답이 나올 수 없게 되어 있을 뿐이다. 순리를 벗어나는 황당한 억지를 부리는 것은 오래 갈 수가 없는 일이다.

## 9) 인권 문제

북조선 동포들이 억압 속에서 힘겹게 살고 있는 모습을 보면 가슴 아프기 짝이 없다.

그들을 위하여 인권문제를 거론하는 것은 당연하다. 그러나 아무리 소리 높여 인권신장 문제를 외친다 해도 별로 달라질 것이 없는 것이 북조선 실제 상황이다.

인권 운동이 중요하다 하더라도 통일이 실현되기 전에는 해결될 문제가 아니다. 우리 법이 부족해서도 아니다. 국제협력이 모자라서도 아니다. 통일 없이는 근본적 해결 방법이 없기 때문이다. 북한 정권 입장에서는 정권 유지 차원에서 인권이란 부차, 3차적인 문제에 불과할 뿐이다.

미국 정부 입장에서는 북 주민들을 위하여 할 수 있는 일이 별로 없다. 그러나 미국 민간단체들 차원에서는 대단히 큰 역할을 해 줄 수 있다. 한국의 민간단체들과 협력하여 북조선 외부세계의 실상을 북 주민들에게 여러 경로를 통하여 알려 주는 노력을 기울인다면 그 파장은 괄목할만한 효과로 나타날 수 있을 것이다. 이것은 낙담하고 체념하며 돌파구를 찾지 못하고 있는 북 주민들에게 새로운 생의 활력소로 작용하여 통일대박 성취에 대한 꿈과 희망을 품게 되고 통일로 바로 연결되는 길이 열리면서 종당에는 북정권의 소멸에 이를 수 있는 효과적인 길이 될 수 있을 것으로 본다.

한미 협력으로 이루어지는 북한 인권 운동의 현실적인 중요성을 다시 한번 강조할 필요가 있다.

### 10) 한미 관계

미국 도움으로 일본 식민지 상태로 부터 해방이 되면서 문맹이 전국민의 8할이 넘고 1인당 GDP가 80 달러를 넘지 못하던 세계 최빈국 대한민국이 이제 여러 면에서 세계 10대강국 반열에 올라서게 되었다. 한국인들이 그동안 열심히 일하기도 하였지만 미국이 다행히도 자유민주 국가 이었기 때문에 그 길을 따라 이 모든 것이 가능했다.

구 소련이 진주하여 공산국가가 되었던 북한의 1인당 소득은 현재 남쪽 대한민국 30분에 불과한 가운데 굶어죽는 사람들이 나오는 세계 최빈국으로 남아 있게 되었다.

우리는 남북을 재통일 하여 통일 10년 후에는 전국민 1인당 국민소득이 미국 바로 다음으로 세계에서 2번째 가는 나라를 만들어낼 "통일대박 구도"를 준비해 놓고 있는 상태이다.

한반도 남측에는 세계제2차대전 후 공산국가 구소련이 들어오지 않고 자유민주 국가 미국이 진주한 행운의 결과 이었다.
이러한 미국과 대한민국이 혈맹으로 되어 있는 것을 크게 감사한다.

그런데 현재 대한민국은 종북 공산주의자 문재인의 난 시기를 거치며 매우 어지럽게 되었다.
우리는 무엇보다 문재인 시대를 청산하면서 자유민주, 시장경제, 법치로 되돌아가야 한다.
문재인 정부는 사실상 이 3가지 모두에서 궤도이탈 되어 있었다.
우리는 공산주의, 공산사회주의 혹은 어느 형태 사회주의도 원하지 않는다. 무엇보다 자유민주의 기본 틀 없이는 경제가 본격적으로 성장하여 나갈 수 없기 때문이다.

또한 이제 김정은의 핵무기 협박으로부터 벗어나야 한다.

미국의 도움 없이는 불가능하다.

한국 문재인 정부는 미국과 중국공산당 사이에서 어정쩡한 처신을 했다.  그리고 반미는 문재인 일파의 구호가 되어 있었다.

여타 대다수 국민들은 미국에 대한 고마움을 잘 안다.

우리는 이 난국을 이겨내고 남북통일을 이룩하여 통일된 자유민주 국가를 한반도에 이루어 내기를 소원한다.

이 과정에서 대한민국의 혈맹인 미국과 더욱 돈독한 우방이 되어 서로 힘이 되어주는 관계가 지속되기를 원한다.

현재 대한민국에는 가장 큰 난제 2가지가 있다. 부정선거 척결 문제와 남북통일 문제이다.

국내 문제인 부정선거 척결 문제도 쉽지 않다.

한편 미국이 한반도 통일에 대한민국 혈맹 역할에 있어 여러 면에서 지속적으로 최선을 다하여 주기 바란다. 통일이 되면 대한민국은 여러 가지 형태로 미국에 그 보답을 하게 될 것이다. 큰 눈으로 보아주기 바란다. 예를 들어  방위비 협상 정도를 가지고 두 나라 관계가 소원해 지면 안 된다. 한국이 통일되고 통일대박이 완성되면 그 결실이 각가지 형태로 미국에도 대단히 큰 이득이 되게 되어있다. 장래 양국 관계에 항상 행운이 함께하기를 기원 한다.

미국 대통령이 김정은 친구 되는 생각은 좋은 결과를 얻을 수 없다. 김정은에게 당분간 힘만 실어 주어 그 통치기간이 길어질수록 북한 주민들의 가혹한 노예생활은 그만큼 연장된다는 사실을 간과해서는 안 될 줄 안다.

또한 한국 통일로 가는 길에는 북정권으로부터 북주민들을 분리시켜 내는 것이 급선무이다. 그리하여 그들이 스스로 김정은 정권이 막을 내리도록 해야 한다. 그런데 문재인 정부는 오히려 북으로 외부 정보가 유입되는 길을 법으로 막아서고 있었다. 문재인은 북정권만 생각하면서 연방제 통일만 염두에 두고 있었을 뿐, 자유민주 통일이나 북주민들은 안중에도 없었다. 이제는 모든 것이 정상상태로 되돌아가야 한다.

순수하게 정의를 사랑하는 미국 민간단체들 가운데는 북한의 가혹한 인권문제에 깊은 관심을 가지고 있는 분들이 많이 있는 것으로 알고 있다. 미국 정부는 이분들에게도 많은 힘을 실어줄 수 있게 되기를 바라는 마음이다.

## 11) 북한 주민들 외부정보 접근성 확대
### - 윤석열 대통령 2024.8.15.경축사

윤석열 대통령 2024.8.15.경축사에서 북한 주민들이 자유통일을 강력히 열망하도록 배려하고 변화시키는 과제를 추진하여야 한다고 하였다. 북한 주민들이 다양한 경로를 통하여 외부 정보를 접할 수 있도록 정보 접근권을 확대해야 한다는 의미이다.

바로 이점이 드디어 우리가 통일로 가는 진일보의 시작이라는 의미라고 본다.

그러나 만일 여기에서 그친다면 또 다시 공허한 말이 될 뿐이다. 그리하여 우리는 바로 이 시점에서 윤대통령이 설파한 부분과 기존의 통일대박구도의 청사진을 연결시켜서 실효성 있는 현실적인 통일정책으로 승화시키는 빛나는 쾌거로 연결되어 결실 맺어지기를 희망한다. 말로 시작해서 말로만 끝나는 일이 되면 안 될 일이다.

무엇보다, 통일대박의 실체를 북한주민들이 모두 알도록 자세히 알려주어 통일대박 세상이 바로 그들이 모두 꿈꾸는 그들 자신의 희망찬 확실한 미래가 되도록 만들어 주어야 한다.

## ❋ 부록3: 통일 소요자금 산출 각 단계별 계산 과정

***

통일을 성공적으로 마무리 짓는데 소요되는 통일비용 가운데, 대부분을 차지하는 것은 북측 지역에 실물자본 형성을 위한 투자자금이다. 이는 생산 증가를 위하여 국부를 축적하여 나가는 것이지 소멸되고 마는 형태의 비용은 아니다. 필요 없는 부담감이나 거부감은 가질 필요가 없다.

자본 형성을 위하여 투입해야 할 각 연도별 투자 규모는 Harrod – Domar 성장모형을 토대로 다음 단계를 거쳐 산출된다.

① 우선 남북이 분단된 상태에서 남북 간 소득조정 완료 목표연도에 나타날 남북 1인당 국내총생산(Gross Domestic Product, GDP) 격차를 추산한다. 이것은 남북 경제가 통일하는 과정과는 무관하게 각기 독자적 성장 궤도를 따라 발전할 때 나타나는 GDP를 전제로 하는 것이다.

즉, 통일 후 북측을 돕기 위하여 남측 경제가 위축되고 희생되는 것이 아니라는 의미를 함축한다. 이는 남측 국민들이 불필요한 피해의식을 가질 필요가 없다는 뜻이기도 하다.

② 여기에 자본 형성 목표 연도의 북측 예상 인구를 곱하면

남북 간 1인당 GDP 격차 완전 해소를 가능하게 하는 총 산출량의 크기가 계산된다. 그런데 이 규모의 연간 산출량을 얻으려면 자본산출량 비율이 2.2라 할 때, 바로 그 배수에 달하는 실물자본을 확보해야 한다.

③ 그러나 현실적 타협책으로 북측 소득수준이 남측 절반을 따라오는 상태에서 남북 경제의 분리관리를 종식시키고, 남북 경제를 완전히 섞어서 단일 경제권역으로 한다면 그 소요 자본 규모의 1/2을 마련하면 된다.

④ 그런데 북측 토지와 건물 가운데 사용 가능한 부분, 활용 가능한 지하자원 등 천연자원을 감안하여 북측 지역에 이미 존재하고 있는 실물자본을 위에서 산출된 소요자본 규모의 1/6 정도에 이르는 것으로 간주하자. 그러면 위의 소요 규모에 5/6를 곱한 크기가 실제로 북측에 조성되어야 할 실물자본 크기가 된다.

⑤ 목표 연도까지 완성되어야 할 이 규모의 자본 형성을 목표로 매년 투자 크기가 자금조달 편의상 남측 예상 GDP성장률과 동일하게 증가하도록 연도별 투자 크기를 산출한다. 여기에서 총 투자 크기 가운데 일정 부분은 매년 감가상각에 따라 소멸한다. 때문에 이 두 측면을 동시에 감안하면서, 남북 간 소득조정 개시 연도에 투입되어야 할 투자 규모 $X_1$은 다음 크기로 산출된다.

$$X_1 = \frac{\text{목표연도}\, j\, \text{까지 조성되어야 할 실물자본의 총규모}}{\sum_{i=1}^{j}(\text{남측}\, GDP\, \text{성장률})^{i-1} \cdot (1-\text{감가상각률})^{j-i}}$$

$(i=1, 2, ..., j;\ j = \text{자본조성기간 총연수})$

⑥ 마지막으로 위에서 얻은 X1 규모를 시작으로 매년 남측 GDP성장률에 따라 목표 연도까지 증가시키게 되면 소득조정 기간이 끝날 때 소기의 실물자본 형성 목표가 달성된다.

추기: 이 부분은 북측경제가 통일 후 남측을 따라 오도록 급속 성장을 시키기 위한 비용 부분에 해당한다.

현실적으로 이에 더하여 통일 초기 혼란 상황에서 북측 주민들의 최저 생계비가 지급 되어야 한다.

이 두 부분을 합하여 대체적으로 통일 후 10년간 남측 GDP 7% 수준에서 해결될 수 있을 것으로 본다.

이것은 통일 후 10년간 남북 분리관리가 가능하도록 하는 조치가 취해진 다음이기에 가능한 것이다.

통일 초기부터 즉시 남북을 통합하여 남한 주민이 받는 혜택을 북측주민들이 동등하게 요구하게 된다면 전체적인 구도가 불가능에 그치게 된다. 그래서 위에 언급한 필수조건이 모두 충족되어야 한다는 것이다.

# 맺는 말

　전 세계 우리 동포들 모두 힘을 합쳐 통일을 만들고 모두 함께 더불어 평화 속에 풍요를 누리며 당당하게 살자.

　한 사람의 꿈은 그냥 꿈이지만 모든 사람의 꿈은 현실이 된다고 한다.

　이제 우리는 모두 통일 무관심으로부터 벗어나자.

　반공을 앞세워 지키기만 한다 하여 통일이 저절로 오는 것이 아니다. 또 평화에 중점을 두며 무사히 지낸다 하여 통일이 자연히 오는 것도 아니다. 통일 자체에 확실하게 직접, 목표를 설정해야 한다. 이 세상 구석구석 어디를 둘러봐도 우리를 통일 시켜줄 이는 아무도 없다. 우리가 해야 된다. 해야 될 사람들이 손 놓고 있으면 아무 것도 안 된다. 북한 당국은 자격도 없고, 북녘 주민들은 능력도 없다. 결국 남한 사람들로부터 시작될 수밖에 없다.

　통일을 무시하고 그냥 지내면 편할 것 같지만 사실 어마어마한 분단비용을 지속적으로 치르면서 힘들게 살아야 한다. 종당에는 결국 지리멸렬한 나라가 되고 만다. 우리는 이 불행과 질곡으로부터 벗어나야 한다. 더욱이 우리 후손들에게 대대손손 이렇게 대물림 해 줄 수는 없다. 지금 생존해 있는 우리들이 해결해 주고 가야 한다.

우리 현실을 똑바로 보자. 우리는 충분히 통일비용을 감당할 수 있다. 통일은 빠르면 빠를수록 돈이 적게 든다. 그리고 통일은 사실상 부담이 아니라 기회다. 그런데 대충 남는 장사 정도가 아니고 한마디로 대박이다. 유사 이래 가장 높은 경제성장률과 그에 따라 넘쳐나는 일자리가 우리를 기다린다.

이래도 통일에 무관심하고 터부시하는 풍조에 그냥 휩쓸려 대충 살고만 싶은가? 우리 모두 현실을 제대로 바라보자. 종북주의자들만이 통일을 크게 외친다 하여 통일 자체를 외면해서는 안 된다. 사실 종북주의자들은 통일을 입에 올릴 자격도 없는 사람들이다. 우리는 그런 사람들은 무시하고, 통일 그 자체를 보자.

우리가 통일이 좋다는 것을 확실히 알고 통일을 하기로 마음먹었다면, 무엇을 어떻게 해야 할까? 무력통일 방법은 배제될 수밖에 없다. 정치협상으로는 결말이 안 난다. 결국은 남한이 우월한 입장에 있는 경제력의 길로 가자. 우리의 경제력을 바탕으로 북녘 주민들의 민심을 바른 길로 이끌어주는 방법이 통일에 이르는 최선이다. 우리 남북이 함께 만들어 낼 통일대박의 꿈을 그들에게도 확실하게 심어주자.

북녘 주민들의 민심이 김씨 왕조에 가서 매달릴 수밖에 없는 상황에서는 비록 40, 50년이 지난다 해도 북한 정권은 쉽게 무너지지 않는다. 어느 날 갑자기 통일이 올지 모른다는 잠꼬대 같은 소리는 집어치우자. 김씨 일가를 중심으로 하는 북한 통치 집단과 피지배 계층인 일반 주민들을 개념적으로 분리하자. 그리하여 북녘 주민들의 피부에 가서 닿을 수 있는 방법과 수준으로 그들에게 도움을 주자. 그래서 우리는 하나라는 남한 사람들의 진정성을 전하면서 신뢰를 쌓아 나가자. 그 과정에서 북한 당국 자체에 다소 이득이 되는 일이 있더라도, 그런 부분은 우리의 빈틈없는 국방력 자체로 해결토록 하자. 사소한 곳까지 신경 쓰다가 정작 본체를 놓친다면 그처럼 어리석을 수는 없다.

민심은 천심이다. 우리가 진심을 다하여 최대한 심혈을 기운이자. 결국 머지않아 하늘로부터 이 민족에게 내리는 응답이 올 줄 안다.

그리하여 통일이 되면, 통일 마무리 작업을 성공적으로 이루어 내기 위한 바람직한 수순으로 돌입하자. 그런데 아무리 목표의식이 투철하다 하더라도 이를 수행하기 위한 구체성이 없으면 모두가 허상이다. 그러한 의미에서 우리가 통일을 성공적으로 마무리 짓기 위하여 반드시 유념해야 될 가장 중요한 부분들이 있다. 앞에서 설명한 통일대박 필수 조건들이다.

첫째, 통일 후 10년 동안 경제적으로는 남북 지역을 분리관리한다. 둘째, 통일 후 10년 동안 북측 지역에 투입하는 모든 실물자본은 뚜렷한 문제점이 노정되는 경우를 제외하고는 전부 남측에서 생산하고 공급하는 바이 코리안 정책을 시행한다. 셋째, 통일 후 10년 동안에는 군비 지출을 GDP 1% 선에 묶어둘 수 있도록 한다. 이러한 구도 추진 과정에서 위의 뒷 두 가지에 차질이 생기지 않도록 평상시 노련한 외교력이 뒷받침 되어야 할 것이다. 그리고 넷째, 북측 지역 토지 등 부동산 원소유주에게는 실물 반환을 하지 않고 지가증권으로 보상한다. 지난 세월 6.25 직전 이승만 정권시 농지개혁의 틀을 따라 남북에서의 토지 보상제도가 같은 흐름으로 가는 것이 바람직하다. 북측 토지제도는 국유제를 계속 유지하면서, 장기적으로는 남측 지역의 토지제도 역시 국유제로 일원화 시켜서 시장경제체제의 암적 존재인 토지투기에 따르는 시장실패의 한 요인을 원천적으로 제거하는 것이 바람직하겠다. 이 부분은 오랜 세월을 두고 우리 후손들이 합리적으로 해결하여 주기 바란다.

이리하여 10년의 통일 마무리 작업 기간이 지나면서 제반제도 단일화 작업도 모두 마무리 된다면, 통일 10년 후에는 통일한국 전역을 망라하여 1인당 소득이 미국 바로 다음으로 가는 세계 제2위의 국가가 된다. 영국, 독일, 프랑스, 일본 보다 통일한국이 앞선다. 통일한국 국민인 남과 북의 우리들은 강성한 나라에서 당당한 모습으로 모두 안정된 인생을 향유하며 살아갈 수 있다. 또한 우리 각자가 자손만대의 후손들에게도 떳떳할 수 있다.

이를 바탕으로 중앙아시아로 부터 연원하여 태고적 부터 연면하게 흘러내려오는 우리 겨레의 흐름을 따라 우리의 이념인 홍익인간의 세계를 펼쳐나갈 수 있을 것이다.

또한 우리가 전력을 다 하여 이루어 내는 성과를 보고 많은 나라들이 한강의 기적을 넘어 통일대박을 성취하여 내는 통일한국의 실적을 보며 한국과 같이 모든 국민이 함께 잘사는 세상을 만들기 위하여 모두 K-드림을 꿈꾸는 시대로 접어들게 되는 예상을 하게 된다. 그리하여 전 세계적 차원에서 우리 본래의 숭고한 이념인 홍익인간의 세계 최선두 역할을 착실하게 해 나가는 때를 기약하게 된다..

그냥 꿈같은 얘기로 들릴지 모른다. 그러나 우리가 모두 합심해서 마음만 먹으면 이 꿈을 현실로 만들어 낼 수 있다. 우리 민족에게 가슴 벅찬 전혀 새로운 역사가 시작되기를 기대한다.

# "통일대박 완성의 길" 후기

**통일대박의 구도가 만들어지기 까지**
통일대박 구도의 연원은 1992년 8월로 거슬러 올라간다.
필자는 민주평통으로 부터 통일비용 추산 위촉을 받고,
종합적인 통일비용 추산과 그 조달방안을 세계 최초로 내 놓았다.

    결론은 통일비용이 많이 들기는 하지만 그래도 우리는 그것을 감당해 낼 능력이 있다는 것이었다. 그러나 언론에서는 통일비용의 절대액수만 1면 톱으로 대서특필을 하게 되니 필자의 의도와는 전혀 다른 방향으로 가버리고 말았다. 국민들이 내면적으로 통일에 거리를 두게 되는 계기가 되었다.

    그러한 흐름의 연장 속에서 국민들 사이에는 통일이 부담이라는 풍조가 만연하게 되었다.

    이와 같이 편향된 시각만 가지고 있게 되면 통일은 있을 수 없게 되는 것이다. 궁리 끝에 필자는 2007년에 이르러 국회예결위 홈페이지에 "통일비용과 통일편익(2007)"이라는 보고서를 등재하였다.

이때 바이코리안 정책을 채택하게 되면 남한 자체만으로도 엄청난 이득을 보게 된다는 구도를 설파하였다. 과거 6.25때 일본이 한국 전쟁의 배후에서 크게 이득을 보았던 사실에 착안하면서 만들어 낸 구도이다.

후에 그 결과를 2012년에 책으로 엮어내면서 "대박"이라는 말로 그 어마어마한 이득을 표현하게 되었다.

산뜻하게 어울리는 말은 아니었지만 더 적합한 단어가 없어서, 다소 시쳇말 같은 표현을 쓸 수밖에 없었다. 우리 수천년 역사 속에 이런 엄청나게 좋은 기회는 단 한번도 있지 않았기 때문에 그에 적합한 단어도 찾을 수가 없었다. 이러한 과정 속에서 대박이라고 쉽게 표현했던 말이 이제는 평상어가 되어 영어사전에서도 한국 발음 그대로 "daebak"을 찾아볼 수 있게 되었다.

2014년 신년기자회견에서 박근혜 대통령은 "통일은 대박이다. 이렇게 생각합니다..."라고 언급을 하였다. 국민정서에 획기적인 변화가 왔다. 통일이 필요하다고 여기는 국민들이 통일비용 부담감 때문에 오랫동안 53% 내외에 머물다가 갑자기 82.6% 라는 놀라운 변화가 일어났다. 이런 바탕이라면 통일의 길을 크게 열어갈 수 있게 된 것이다.

그러나 이 내용을 잘 모르는 사람들이 이것은 구체적 내용이 없는 정치구호로 여기고 있는 모습도 보였다.

2012년 〈통일은 대박이다〉 책 출간 후 근래에 이르러 통일대박론과 통일대박 구도는 우리 민족, 우리 겨레를 세계에서 찬란한 현실과 위상으로 올려줄 더할 수 없이 귀한 보배라는 점을 인식하여 가기에 이르고 있다. 이것은 단순히 여러 통일이론 중의 하나가 아니다. 이것이 우리 모두의 꿈이 되고 희망이 될 때 우리 민족은 새 역사의 주인공이 되는 길을 가게 될 것이다.

　근년에 미국 등 해외 석학들이 한국이 통일되면 세계에서 G2에 이를 것이라는 예견을 내 놓는 것을 보게 된다. 필자의 〈통일은대박이다〉 영문본에 접한 학자들의 평이라고 본다. 그냥 농담처럼 지나가는 말이 아니라 그 책에는 이론적으로 구체적 시뮬레이션까지 곁들여 있기 때문에 나온 평으로 여겨진다. 한국이 통일 후 통일대박으로 가는 구도 제시는 전 세계에서 필자밖에 없으니 필자의 통일대박 책 영문본의 기여도라고 본다.

　통일대박이 완성될 때는 거의 모든 국가들에서, 발전하는 통일 한국의 모습을 보며 부러운 나머지 한국처럼 잘 되고 싶은 확실한 K-드림을 동경하게 되는 때가 올 것이다.

　이 흐름을 타고 전 세계를 대상으로 우리겨레 본래의 이념인 홍익인간의 세상 중심에 서게 되는 날을 기약해 본다.

# 참고 문헌

신창민, "남북한 통일비용 추산과 그 조달방안," 민주평화통일자문회의, 이천회의 1992.8.28.
신창민, "R이론의 조건," 신창민의 통일칼럼, 매일경제신문, 1994.12.13, 27면.
신창민, 〈통일비용과 통일편익(2007)〉, 국회예산결산특별위원회, 홈페이지, 발간번호 116번, 2007.8.31.
신창민, 〈통일은 대박이다〉 ㈜매경출판, 2012.7.16.
Shinn Chang-min, The Road to One Korea, Prosperity in Peace, (ed. Terence Murphy), Hanwoori Press, 2014.02.7.
신창민, 〈통일은 대박이다〉 제6판, (사)한우리통일출판, 2015.10.3.
신창민, 〈통일대박은 축복이다〉 초판, (사)한우리통일출판, 2016.5.4.
신창민, 〈통일은 대박이다〉 새판 (사)한우리통일출판, 2017.3.15.
신창민, "한국통일정책정론-합류통일" pp.28-31, 국회의원회관 제1세미나실, 2017.9.14.
신창민, "통일대박특별법 구상," 〈통일대박 정리〉, (사)통일대박실천연대 제5차 포럼, 2024.5.3.
심백강, 〈중국은 역사상 한국의 일부였다〉 바른역사출판, 2021.8.26.

※ 참고: 네이버 / 다음 에서 "통실연"으로 검색하면.
사) 통일대박실천연대 홈페이지에서 통일대박 관련 책들 각국어 무료검색 가능.

# 통일대박 완성의 길

초 판 2쇄 2024년 9월 20일
지은이 신창민
펴낸이 황교안
펴낸곳 (사)통일대박실천연대출판
등 록 (2024년 7월 23일)
주 소 우)서울시 마포구 삼개로 38. 1층
대표 전화 1811-9799
팩 스 02)507-5777
이메일 cms21@cau.ac.kr
인쇄·제본 유니크기획 010-8810-3422

ISBN 979-11-988673-1-5 (03340)
값 8,000원

이 책은 많은 분들이 보실수록 통일과 통일대박 성취에 도움 됩니다.
따라서 이 책을 단순 무료로 그냥 보셔도 무방합니다.

이 책의 보다 폭넓은 보급을 위하여 기부금 차원에서
책값을 납부하여 주시거나 기증하여 주셔도 감사합니다.

국민은행 231401-04-138199 신창민
국민은행 231401-04-272705 사단법인 통일대박실천연대